ADOLPHE JOANNE

GÉOGRAPHIE

DE LA

SARTHE

16 gravures et une carte

HACHETTE ET Cie

GÉOGRAPHIE

DU DÉPARTEMENT

DE

LA SARTHE

AVEC UNE CARTE COLORIÉE ET 16 GRAVURES

PAR

ADOLPHE JOANNE

AUTEUR DU DICTIONNAIRE GÉOGRAPHIQUE ET DE L'ITINÉRAIRE
GÉNÉRAL DE LA FRANCE

QUATRIÈME ÉDITION

PARIS

LIBRAIRIE HACHETTE ET Cie

79, BOULEVARD SAINT-GERMAIN, 79

1889

TABLE DES MATIÈRES

LISTE DES GRAVURES

18198. — Typographie A. Lahure, rue de Fleurus, 9, à Paris.

DÉPARTEMENT

DE

LA SARTHE

I. — Nom, formation, situation, limites, superficie.

Le département de la Sarthe doit son *nom* à la principale rivière qui l'arrose et qui le traverse du nord-est au sud-ouest.

Il a été *formé*, en 1790, de la partie orientale du **Maine** (588,632 hectares), de 29 communes de l'ANJOU et de 5 communes du PERCHE.

Il est *situé* dans la région nord-ouest de la France, entre les 47° 35′ et 48° 29′ 1/2 de latitude nord, et entre 1° 29′ et 2° 44′ de longitude ouest. Il est donc plus rapproché du Pôle que de l'Équateur, séparés par 90 degrés ou un quart de cercle. Le Mans, son chef-lieu, est à 211 kilomètres au sud-ouest de Paris par les routes ordinaires, et à 190 seulement en ligne droite. Deux départements, l'Orne et le Calvados, le séparent de la Manche; sept, Eure-et-Loir, le Loiret, Seine-et-Marne, Yonne, l'Aube, la Haute-Marne et les Vosges, le séparent de la frontière de l'est; deux, Maine-et-Loire et la Loire-Inférieure, le séparent de l'Océan; enfin, sept départements, Indre-et-Loire, l'Indre, la Creuse, la Corrèze, le Cantal, l'Aveyron et l'Hérault, le séparent de la mer Méditerranée.

Il est *borné*: au nord, par le département de l'Orne; au nord-est, par Eure-et-Loir; à l'est, par Loir-et-Cher; au sud, par Indre-et-Loire et Maine-et-Loire; à l'ouest, par la Mayenne.

Ses *limites* sont en grande partie conventionnelles, c'est-à-dire tracées à travers champs, sans souci des obstacles naturels, tels que des montagnes ou des ruisseaux. Cependant, en divers endroits, la rivière de la Sarthe et le lit de quelques autres cours d'eau le séparent des départements voisins.

La *superficie* de la Sarthe est de 624,400 hectares. Sous ce rapport, c'est le 39e département de la France : en d'autres termes, il y en a seulement 36 de plus étendus.

Sa plus grande *longueur*, du nord au sud, de l'extrémité nord du canton de la Fresnaye à l'extrémité sud du canton de Château-du-Loir, est de 95 kilomètres. Le département étant de forme arrondie, sa *largeur* de l'est à l'ouest, à peu près égale à sa longueur, est d'environ 80 kilomètres. Enfin son *pourtour*, s'il n'est pas tenu compte des sinuosités secondaires qui sont assez nombreuses, est de 385 kilomètres.

II. — Physionomie générale.

Le département de la Sarthe, vu du Mans à vol d'oiseau, offre l'aspect d'une immense forêt recouvrant un terrain accidenté vers le nord et vers l'est, légèrement ondulé ailleurs, et sillonné par un grand nombre de rivières, dont le cours se dirige, en serpentant, du nord au sud ou de l'est à l'ouest. Ce caractère particulier provient de la multitude de haies, qui se croisent dans tous les sens pour clore les champs, et du milieu desquelles se dressent, de distance en distance, des arbres de haute futaie, qui paraissent se toucher.

La Sarthe s'étend de la ligne de collines de la Normandie et du Perche, qui séparent le bassin de la Manche de celui de la Loire, jusqu'à 35 kilomètres environ de la rive droite de ce fleuve.

Le sommet le plus élevé est le *Signal de la forêt de Perseigne*, près de la limite nord du département (340 mètres); le point le plus bas (20 mètres), le confluent du Loir avec l'Argance, au point où cette rivière quitte le département. En remontant le cours de la Sarthe, qui serpente à l'ouest du département, dans une contrée accidentée, on voit, sur la rive droite de cette rivière, le sol s'élever irrégulièrement, mais d'une manière constante, jusque vers la forêt de Sillé, où se trouve le point culminant de cette région (286 mètres), et même au delà, car sur la limite, à l'ouest de Rouessé-Vassé, il atteint 330 mètres. Ces hauteurs dépendent de la chaîne des *Coëvrons*, désignée sous le nom un peu prétentieux d'*Alpes Mancelles* par des patriotes trop enthousiastes. Sur la rive gauche, le même phénomène se reproduit ; le sol s'élève graduellement jusqu'à Montmirail où il atteint une altitude de 244 mètres.

La région qui s'étend sur la rive droite du Loir, entre cette rivière, la Sarthe, la gracieuse vallée de l'Huisne et la Braye, est beaucoup moins fertile que le reste du département. On y rencontre des landes incultes et des bois de pins. Les environs de la ville d'Écommoy contrastent avec le pays avoisinant ; aussi cette contrée privilégiée a-t-elle reçu le surnom bien mérité d'*Oasis Bélinois*.

L'altitude des terrains qui séparent les cours inférieurs de la Sarthe et du Loir, est à 56 ou 60 mètres au-dessus du lit de ces cours d'eau. Mais, en avançant vers l'est et vers le nord, la hauteur des collines, qui s'accroît sensiblement, atteint vers la limite du département, non loin de la Ferté-Bernard, une altitude de 246 mètres.

La ligne décrite par les limites du département, qui forme un polygone irrégulier d'un grand nombre de côtés, en s'éloignant à droite et à gauche de la partie méridionale, qui est la plus basse, s'élève d'une manière constante jusqu'au point culminant de la forêt de Perseigne. Quelques échancrures livrent passage au Loir, à la Braye, à l'Huisne, à l'est ; à la Sarthe, au nord ; au Merdereau, à l'Orthe et à l'Erve, à l'ouest.

« Du côté de l'ouest, les limites du département coïncident assez bien avec celles des formations géologiques primitives, tandis qu'au delà s'étendent les schistes, et les granits du Maine et de la Bretagne ; tous les terrains appartiennent, en deçà, aux étages jurassiques, crétacés ou tertiaires. » (*La France*, Élisée Reclus.)

Les grès rouges se trouvent dans le canton de Beaumont-sur-Sarthe ; les terrains crétacés et les grès verts, dans les cantons de Conlie, de la Suze, d'Écommoy, de Pontvallain, Bonnétable, Tuffé, la Chartre, Saint-Calais, Vibraye ; les terrains tertiaires à Montmirail et à Montfort ; les terrains calcaires, dans le reste du département ; les alluvions, dans les vallées.

Le département de la Sarthe, essentiellement agricole, divisé en petites fermes, et en général assez fertile, n'est pas également productif sur tous les points de son territoire. Les cantons les plus riches et les mieux cultivés sont ceux de la Ferté-Bernard, de Beaumont-sur-Sarthe, de Sablé et de Loué. Dans ceux de Pontvallain, la Flèche, Tuffé, Montmirail, Marolles-les-Braults (grenier du département), Fresnay, Montfort, Écommoy, les cultures sont variées et rémunératrices ; mais il n'en est pas de même dans les cantons de Mayet, Bouloire, Vibraye, du Lude, de la Fresnaye, la Suze et Sillé, dont les terrains, en général maigres et sablonneux, sont recouverts de bois, ou ne présentent souvent que des landes, des bruyères ou des bois de pins.

La partie septentrionale du département est sillonnée de collines peu élevées, de coteaux bien cultivés, d'agréables vallées, ou ombragée par de grandes et belles forêts. Dans l'arrondissement de Mamers, spécialement, les sites pittoresques abondent, car les contre-forts des Coëvrons qui s'avancent dans le département, offrent çà et là, au milieu d'une riche végétation, les ruines menaçantes de leurs vieux châteaux.

La principale vallée du département est la vallée de la Sarthe, la plus longue et la plus considérable, très intéressante surtout dans sa partie supérieure, au pied de la forêt de Pail et du massif des Coëvrons. Au-dessous de Saint-Céneri (Orne) et à Saint-Léonard-des-Bois, cette vallée se transforme en gorges pittoresques profondes de 100 mètres ; au-dessous du Mans, elle s'élargit, devient riche et féconde, et sa rivière décrit de nombreuses sinuosités.

La plupart des vallons qui portent à la Sarthe les eaux des

Coëvrons, entre autres ceux de la Vègre, de l'Erve et du Treulon, sont étroits et agrestes.

L'Orne Saosnoise coule au milieu de charmantes prairies, et l'Huisne, longée par le chemin de fer de Paris au Mans, serpente dans une vallée riante et féconde, bordée de collines boisées. La vallée du Loir, où les cultures alternent avec les prés, offre, sur certains points, des collines escarpées et des falaises de craie, où la main de l'homme a creusé des grottes, servant de granges et de chais, ou même d'habitations.

III. — Cours d'eau.

Toutes les eaux de la Sarthe se dirigent vers la Loire, qui passe à 24 kilomètres de la limite méridionale du département.

La **Loire**, dont le cours dépasse 1000 kilomètres, dans un bassin de 11,650,000 hectares, naît à moins de 150 kilomètres, à vol d'oiseau, au nord de la Méditerranée, dans le département de l'Ardèche, au Gerbier-de-Joncs, cône volcanique haut de 1562 mètres. Elle coule d'abord au nord; puis, de Digoin à Orléans, vers le nord-ouest, comme pour gagner la Manche, dans le département du Calvados; enfin, elle prend la direction de l'ouest et va se jeter dans l'Atlantique, à Saint-Nazaire, à 53 kilomètres en aval de Nantes. Elle longe ou traverse douze départements : l'Ardèche, la Haute-Loire, la Loire, Saône-et-Loire, l'Allier, la Nièvre, le Cher, le Loiret, Loir-et-Cher, Indre-et-Loire, Maine-et-Loire, la Loire-Inférieure, et baigne Roanne, Nevers, Orléans, Blois, Tours, Saumur, Nantes (elle passe aussi à peu de distance du Puy-en-Velay et des deux grandes villes de Saint-Étienne et d'Angers). Ce fleuve, qui a pour principaux affluents l'Allier, le Cher, l'Indre, la Vienne et la Maine, est redoutable par des crues terribles, pendant lesquelles il roule 10,000, 12,000 et même 15,000 mètres cubes d'eau par seconde, c'est-à-dire dix, douze et quinze *millions* de litres; mais en été, ses eaux, très basses, ne coulent plus que sur la plus petite partie de son large lit de sable, rétréci cependant par l'établissement de digues; en temps d'*étiage*, quand il n'a pas plu depuis longtemps, il ne débite guère que 30 à 40 mètres cubes par seconde entre Orléans et Tours, et 60 à 75 au-dessous du confluent de la Vienne. En aval du confluent de la Maine, le minimum est de 127 mètres cubes.

Les eaux du département de la Sarthe descendent vers la Loire par la Sarthe, dont le bassin ou ceux de ses affluents, embrassent, non-seulement le département tout entier, mais

Anciens moulins au Mans.

encore une portion assez considérable des départements limitrophes.

La **Sarthe** a sa source à l'est de Moulins-la-Marche (Orne), dans une chaîne de collines de 308 mètres d'altitude. Elle se dirige du nord-est au sud-ouest, sépare le département auquel elle donne son nom, de celui de l'Orne, sur un parcours d'environ 23 kilomètres; baigne Alençon, suit, plus bas, la limite

Sablé.

du département de l'Orne, sur un parcours d'environ 12 kilomètres, et pénètre enfin dans le département de la Sarthe, au confluent du Sarthon. Elle se dirige alors vers le sud-est, en décrivant de nombreux circuits, et coule dans les gorges profondes et pittoresques de Saint-Céneri-le-Geré (Orne) et de Saint-Léonard-des-Bois.

Elle baigne Fresnay, Beaumont, croise le chemin de fer d'Alençon au Mans, passe à Montbizot, traverse le Mans, croise le chemin de fer du Mans à Angers, et, avant d'atteindre la Suze, tourne brusquement vers l'ouest, coupe deux fois encore le chemin de fer, arrose, grâce aux nombreux détours de son lit, Malicorne et Sablé, au-dessous duquel elle entre dans le département de Maine-et-Loire. Dans ce département elle passe près de Châteauneuf et de Tiercé, chef-lieux de canton, et, 5 kilomètres au-dessus d'Angers, se joint à la Mayenne pour former la Maine, rivière qui baigne Angers et tombe dans la Loire à sept kilomètres en aval.

Le cours de la Sarthe est de 276 kilomètres, dont 216 kilomètres environ dans le département. Cette rivière est navigable, du Mans à la Mayenne, et, dans le département de la Sarthe, sur un parcours de 85 kilomètres. Sa pente générale dans le département est de 70 mètres environ. La partie navigable de son cours a 24 mètres 50 centimètres de pente, rachetée par dix-neuf barrages. La durée du voyage entre Angers et le Mans est, en moyenne, à la remonte, de quatre à cinq jours, durée qui sera considérablement réduite par le chemin de halage construit depuis peu. La largeur moyenne est de 50 mètres au Mans, et de 80 mètres à la limite du département. Le tirant d'eau est de 1 mètre 60 centimètres. Les crues les plus fortes s'élèvent jusqu'à $3^m,70$ centimètres au-dessus de la crête des barrages et diminuent graduellement jusqu'à la limite du département, où elles n'atteignent plus que $1^m,90$. Le débit de la Sarthe, à l'étiage, est de 1130 litres par seconde à Sougé-le-Ganelon, de 1850 litres au Mans, et de 9600 litres à Fercé.

Les affluents de la Sarthe dans le département sont : le

Merdereau, la Vaudelle, l'Orthe, le Rosay-Nord, la Bienne, la Longuève, l'Orthon, l'Orne Saosnoise, l'Huisne, l'Érips, le Fessard, l'Orne champenoise, le Renon, la Gée, la Vezanne, le Riboux, la Végre, l'Erve, la Vaige, la Taude, le ruisseau de Précigné et le Loir.

Le *Merdereau* (rive dr.; 32 kilomètres, dont 8 dans le département) a sa source au nord de Champgénéteux (Mayenne); coule dans la forêt de Pail, à l'extrémité sud de laquelle il entre dans le département de la Sarthe, où il baigne Saint-Paul-le-Gautier, et, 3 kilomètres plus loin, tombe dans la Sarthe.

La *Vaudelle* (rive dr.; 32 kilomètres, dont 6 dans le département) sort des Coëvrons, canton de Bais (Mayenne), passe à Saint-Mars-du-Désert, entre, à 1 kilomètre en aval, dans le département de la Sarthe, passe au sud de Saint-Georges-le-Gaultier et se jette dans la Sarthe à 600 mètres plus bas que le Merdereau.

L'*Orthe* (rive dr.; 35 kilomètres, dont 14 dans le département) prend sa source dans les hautes collines (352 mètres) du canton de Bais (Mayenne), fait mouvoir les hauts-fourneaux d'Orthe, entre dans le département de la Sarthe à la Grande-Forge, passe au nord de Mont-Saint-Jean, reçoit le *ruisseau de Defais*, sorti des étangs de la forêt de Sillé-le-Guillaume, et arrose Douillet, qui n'est qu'à 2 kilomètres au sud du confluent.

Le *Rosay-Nord* (rive g., 15 kilomètres) coupe trois fois le chemin de fer d'Alençon au Mans et, grossi de la *Villette*, a son confluent à l'est de Piacé.

La *Bienne* (rive g.; 22 kilomètres) naît dans la forêt de Perseigne (340 mètres), passe à Saint-Remy-du-Plain, reçoit la *Saosnette*, sortie du grand étang de Saosnes, baigne Chérancé, et, grossie du ruisseau de la *Semelle* qui vient de Rouessé et d'un bras du Rosay-Nord, tombe dans la Sarthe à Piacé.

La *Longuève* (rive dr.; 16 kilomètres) naît près de Saint-Remy-de-Sillé, arrose Vernie, Assé-le-Riboul, et a son confluent au nord de Saint-Marceau.

L'Orthon (rive g.; 16 kilomètres), venu de Thoigné, passe à Maresché et a son confluent au-dessous de Beaumont.

L'Orne Saosnoise (rive g.; 52 kilomètres) naît dans les collines que couvre la forêt de Bellème (Orne), prend un instant le nom de *ruisseau des Ormes*, entre dans le département de la Sarthe en amont de Saint-Pierre-des-Ormes, reçoit le *Guémançais*, le *Tripoulin*, la *Dive* (rivière de 17 kilomètres de cours, qui naît au nord de Mamers et, accrue du *Rutin*, se jette dans l'Orne à Peray); elle baigne ensuite Ponthouin et tombe dans la Sarthe, au nord de Ballon. Son débit à l'étiage est seulement de 185 litres par seconde.

L'Huisne, le principal affluent de la Sarthe (rive g.; 132 kilomètres de cours, dont plus de 60 dans le département), a sa source dans les collines de Pervenchères, arrondissement de Mortagne (Orne), passe au sud de Remalard, chef-lieu de canton, arrose Condé-sur-Huisne, rencontre le chemin de fer de Paris à Rennes qui le longe jusqu'à son embouchure, entre dans le département d'Eure-et-Loir, y baigne Nogent-le-Rotrou, rentre dans l'Orne, au confluent de l'Erre, arrose le Theil, pénètre enfin dans le département de la Sarthe, y arrose une gracieuse vallée, où il décrit de nombreuses sinuosités peu accentuées, passe à la Ferté-Bernard, à Connerré, près de Montfort, et, à 2 kilomètres au-dessous du Mans, se perd dans la Sarthe qu'il triple avec le volume de ses eaux (6700 litres par seconde). L'Huisne, qui entre dans le département par 102 mètres d'altitude, est tout au plus à 50 mètres à son embouchure. Pendant les plus basses eaux, le débit de l'Huisne est de 460 litres par seconde. — Les principaux affluents de l'Huisne dans le département de la Sarthe sont : la *Même* (rive dr.; 37 kilomètres, dont 9 seulement dans le département), qui, née dans la forêt de Bellème (Orne) et grossie de la *Coudre*, sert un instant de limite au département de la Sarthe dans lequel elle entre, à l'ouest de Préval, passe à Souvigné, et, 1 kilomètre en aval, se jette dans l'Huisne au sud de la Ferté-Bernard; — la *Queune* (rive g.; 15 kilomètres), qui vient de Lamnay, reçoit le *ruisseau de*

Sainte-Anne, et atteint l'Huisne à Sceaux ; — la *Dué* (rive g.), formée de deux ruisseaux qui se réunissent 4 kilomètres avant de se perdre dans l'Huisne à Connerré : le premier, la *Longuève,* naît dans la forêt de Vibraye et baigne Semur ; le second, la *Nogue* (10 kilomètres), a sa source près de Coudre-cieux, et grossi de la *Tortue* rejoint la Longuève ; — le *Narais* (rive g.; 50 kilomètres), qui a sa source dans le bois de l'Évêque, à l'ouest du Grand-Lucé, passe à Challes, traverse une contrée boisée, croise le chemin de fer de Rennes à Paris, et tombe immédiatement après dans l'Huisne, au-dessous de Saint-Mars–la-Brière (débit à l'étiage, 460 litres par seconde) ; — la *Vive-Parance* (rive dr.; 19 kilomètres), qui naît au sud de Bonnétable, reçoit la *Morte-Parance* qui arrose Savigné-l'Évêque, et, plus bas, le *Merdereau,* puis atteint l'Huisne au-dessus d'Yvré-l'Évêque.

L'*Erips* (rive g.; 15 kilomètres) reçoit trois ruisseaux et a son confluent au sud de Fillé-Guécélard.

Le *Fessard* (rive g.; 15 kilomètres) est un ruisseau qui tombe dans la Sarthe à 5 kilomètres en aval du précédent.

L'*Orne champenoise* (rive dr.; 22 kilomètres) vient d'Étival, et a son confluent à 2 kilomètres environ à l'est de la Suze.

Le *Renon* (rive dr.; 11 kilomètres) descend des collines de Souligné–sous-Vallon, passe à Chemiré-le-Gaudin et a son embouchure au-dessous de la Suze.

La *Gée* ou *Geax* (rive dr.; 22 kilomètres) prend sa source sur le territoire de Neuvy-en-Champagne, baigne Vallon, Mai-gné et rejoint la Sarthe près de Fercé.

La *Vezanne* (rive g.; 13 kilomètres) naît à l'est de la forêt de Courcelles, reçoit les eaux des étangs de cette forêt, bai-gne Mézeray et grossit la Sarthe à Malicorne.

Le *Riboux* (rive g.; 11 kilomètres) vient de Brousse, reçoit le *Loyer* et, comme la Vezanne, atteint la Sarthe à Malicorne.

La *Vègre* (rive dr.; 64 kilomètres) descend des hauteurs boisées du canton de Sillé-le-Guillaume, reçoit une partie des eaux du versant oriental des Coëvrons ; baigne Loué, reçoit le *Palais,* passe au sud de Brûlon, puis à Asnières et tombe dans la Sarthe entre Avoize et Juigné. Son débit, pendant les plus basses eaux, est, à Avoise, de 210 litres par seconde.

L'*Erve* (rive dr.) n'appartient à la Sarthe que par la partie inférieure de son cours, qui est de 58 kilomètres, dont 15 seulement dans le département. Cette rivière a sa source près de Vimarcé, sur les confins de la forêt de Sillé (Mayenne); elle croise le chemin de fer de Paris à Rennes, entre dans le département au-dessous de Ballée, lui sert de limite sur un parcours d'environ 2 kilomètres, reçoit le Treylon, et se perd dans la Sarthe à Sablé. — Le *Treylon*, seul affluent important de l'Erve (rive g.; 30 kilomètres), naît dans la forêt de la Charnie (Mayenne), sépare la Sarthe et la Mayenne sur un parcours d'un kilomètre, entre dans le département de la Sarthe, lui sert de limite sur un parcours de 5 kilomètres, passe dans la Mayenne, entre de nouveau dans la Sarthe, et se jette dans l'Erve à Auvers-le-Hamon.

La *Vaige* (rive g.; 40 kilomètres, dont 5 entièrement dans le département) a sa source près de Saint-Léger, canton de Sainte-Suzanne (Mayenne), passe à la Bazouge-de-Chemeré où elle forme un étang, atteint le département, auquel elle sert de limite sur un parcours de 2500 mètres, s'en éloigne un instant pour le limiter sur un espace de 3 kilomètres, y entre enfin définitivement et se jette dans la Sarthe à Sablé.

La *Taude* (rive dr.; 16 kilomètres) naît dans la Mayenne au nord-ouest de Grez-en-Bouère, arrose ce chef-lieu de canton, sert de limite au département sur un espace de 1500 mètres, y entre, le parcourt sur une distance de 5 kilomètres et tombe dans la Sarthe à Souvigné.

Le *ruisseau de Précigné* (rive g.; 13 kil.) sort de deux petits étangs, baigne Précigné et déverse ses eaux dans la Sarthe après avoir coupé le chemin de fer du Mans à Angers.

Le **Loir** (rive g.; 310 kilomètres, dont 92 dans la Sarthe) est le plus considérable des affluents de la Sarthe, dont le débit est très inférieur au sien. Cette belle rivière, limpide et en général profonde, traverse quatre départements. Depuis que les étangs de Cernay et de Francé, près de Courville (Eure-et-

Loir), ont été desséchés, elle naît à 8 kilomètres plus au sud,
dans la lande de Saint-Émant. Le Loir passe au sud d'Illiers, arrose Bonneval, Châteaudun, Cloyes, chefs-lieux de canton d'Eure-
et-Loir, entre, au delà du confluent de l'Aigre, dans Loir-
et-Cher; y baigne Morée, Vendôme, Montoire; entre dans le
département de la Sarthe, au confluent de la Braye, par
60 mètres d'altitude, passe près de Poncé, arrose Ruillé, la
Chartre, Marçon, Château-du-Loir, Nogent-sur-Loir, Montabon,
Vaas, le Lude, Luché-Pringé, la Flèche, Bazouges-sur-Loir;
et, 5 kilomètres plus loin, après avoir servi sur un espace de
1200 mètres de limite au département, entre dans Maine-et-
Loire par 20 mètres d'altitude environ, et, après avoir parcouru
environ 40 kilomètres et avoir baigné les chefs-lieux de
canton Durtal et Seiches, se jette dans la Sarthe à Briollay.
Bien qu'il ait un cours sinueux, le Loir se dirige d'une manière constante du nord-est au sud-ouest. Il est navigable sur
une longueur de 130 kilomètres, dont 73 dans le département. Son débit est, à l'étiage, de 5 à 10 mètres cubes par seconde; en temps ordinaire de 20 mètres cubes, et, lors des
crues, de 100 à 400 mètres. Sa pente n'est que de 33 centimètres par kilomètre. 23 barrages, créant la force motrice
de trente-trois usines, coupent la rivière. Les bateaux fran-
chissent ces barrages dans des pertuis nommés portes mari-
nières, dont la largeur varie de $4^m,40$ à 5 mètres. La charge
moyenne des bateaux est d'environ 83 tonnes; leur jaugeage
réel, de 100 à 160 tonnes. Le tirant d'eau est de $1^m,50$; la
durée du trajet d'Angers à la Flèche (70 kilomètres) est de
cinq jours à la descente et de sept à la remonte; et, de la
Flèche au Lude (28 kilomètres), de un jour et demi à la descente et de trois jours à la remonte.

Les affluents du Loir dans le département de la Sarthe sont:
la Braye, la Veuve, le Dinan, la Dême, le Gravot, la Fare,
la Marconne, le Riz-Oui ou l'Aunay-Lubin, les Cartes, la Lene
ou l'Aune et l'Argance.

La *Braye* (rive dr.; 72 kilomètres) naît au-dessus de Saint-
Bomer (Eure-et-Loir), dans l'étang du château de la Grève, et,

se dirigeant du nord au sud, entre, à 4 kilomètres de sa source, dans le département de la Sarthe, où elle baigne Saint-Ulphace, Champrond, Vibraye ; sert de limite au département sur un parcours d'environ 3 kilomètres d'abord, puis de 6 kilomètres, passe à Sargé et à Savigny, communes de Loir-et-Cher ; longe de nouveau le département de la Sarthe sur un espace de 8 kilomètres ; s'accroît à la Bessé de l'*Anille* (20 kilomètres), qui vient de Saint-Calais et, plus bas, à Lavenay, du *Tusson*, qui descend du bois des Loges ; reçoit l'écoulement des étangs de ce nom, baigne Évaillé, Cogners, Vancé, et tombe dans la Braye au-dessous de Lavenay. Après avoir reçu le Tusson, la Braye passe dans Loir-et-Cher et, 4 kilomètres en aval, tombe dans le Loir.

La *Veuve* (rive dr.; 20 kilomètres) a sa source au nord de Grand-Lucé, et baigne Saint-Pierre-du-Lorouer, où elle reçoit l'*Étangsort* qui vient de Maisoncelles ; elle se jette dans le Loir en aval de la Chartre.

Le *Dinan* (rive dr.; 14 kilomètres) sort de la forêt du Bersay, à l'est de Jupilles, baigne Thoiré, Fléc, et rejoint le Loir à la station de Marçon-Vouvray (chemin de fer de Saint-Calais à Sablé).

La *Dême* (rive g.; 28 kilomètres, dont 10 dans le département) naît au-dessous de Beaumont-la-Chartre, dans Indre-et-Loire, et se divise en deux bras qui atteignent le Loir à Marçon et au sud de Pétru.

Le *Gravot* (rive g.) naît dans Indre-et-Loire, à l'est de Neuillé-Pont-Pierre, et, après un cours de 20 kilomètres, dont 5 dans le département de la Sarthe, tombe dans le Loir au-dessous de Dissay-sous-Courcillon.

La *Fare* (rive g.; 36 kilomètres, dont 11 dans le département) a sa source à Souzay (Indre-et-Loire), passe à Château-la-Vallière, entre dans la Sarthe, baigne Saint-Germain-d'Arcé, et se jette dans le Loir en amont de la Chapelle-aux-Choux.

La *Marconne* (rive g.; 17 kilomètres, dont 8 dans la Sarthe sortie de Noyant (Maine-et-Loire), arrose Dissé-sous-le-Lude, et grossit le Loir en amont du Lude.

Le *Riz-Oui* ou l'*Aunay-Lubin* (rive g.; 14 kilomètres, dont 10 dans le département de la Sarthe) naît à Chigné (Maine-et-Loire), se divise en deux bras et atteint le Loir au-dessous du Lude.

Les *Cartes* (rive g.; 16 kilomètres, dont la moitié dans le département), petit cours d'eau qui naît au sud de Volandry (Maine-et-Loire), tombe dans le Loir à Thorée.

La *Lone* ou l'*Aune* (rive dr.; 41 kilomètres) a sa source au-dessus de Marigné, canton d'Écommoy, baigne Pontvallain et se jette dans le Loir en amont de Luché-Pringé.

L'*Argance* (rive dr.; 18 kilomètres) naît au sud du Bailleul, sert de limite au département de la Sarthe sur un parcours de 3500 mètres, passe dans Maine-et-Loire et tombe dans le Loir près de Durtal.

Les **étangs**, assez nombreux, ont peu d'étendue. Les plus considérables sont : l'étang de *Saosne*, près de la forêt de Perseigne (1500 mètres sur 500); ceux de la *forêt de Sillé*, du *bois des Loges* (1000 mètres sur 500); celui de *Loudon* (près de Parigné-l'Évêque), qui s'écoule dans l'Huisne; ceux de la *Bonde*, à Saint-Jean-du-Bois; de la *Panne*, dans le bois de Marchevert, etc.

IV. — Climat.

Le département de la Sarthe appartient en entier au climat *séquanien*, qui est sain, tempéré, mais variable et humide. Toutefois si de nombreux cours d'eau y entretiennent nécessairement une grande humidité, les courants d'air vivifiant qui se forment dans leurs vallées en rendent le séjour très salubre.

Dans la partie septentrionale du département, le ciel est ordinairement brumeux, l'air froid et humide. Dans la partie méridionale, l'air est plus pur, le ciel brumeux comme dans le nord, le printemps tardif et de courte durée. Dans cette région, la moyenne de la température annuelle est un peu plus élevée que la moyenne de Paris, qui est de 10° 6 à 10° 7.

La disposition peu régulière des collines s'oppose à ce que des courants atmosphériques, ayant une direction uniforme, y règnent d'une manière permanente.

2

Si toute la pluie tombée dans le courant d'une année restait sur le sol sans être absorbée par lui ou vaporisée par les rayons du soleil, on aurait, au bout des douze mois, d'après la moyenne des 18 dernières années, une nappe d'eau d'une profondeur de 647 millimètres (la moyenne de la France est évaluée à 77 centimètres). Le nombre des jours de pluie est de 145 ; celui des jours de neige, de 12 ; celui des jours de gelée, de 56 ; celui des jours de brouillards, de 180 ; celui des jours de grêle, de 20, et celui des jours d'orage, de 14.

L'altitude, qui est une des causes les plus importantes de l'abaissement de la température, est de 50 mètres au Mans, de 32 à la Flèche, de 120 à Mamers, de 103 à Saint-Calais. Les chefs-lieux de canton suivants sont : Ballon à 101 mètres, Beaumont-sur-Sarthe à 75, Bonnétable à 90-124, Bouloire à 120, Brûlon à 102, Changé à 91, la Chartre à 55, Château-du-Loir à 90, Conlie à 144, la Ferté-Bernard à 120, Fresnay à 137, la Fresnaye à 160, le Grand-Lucé à 140, Malicorne à 28, Marolles-les-Brault à 86, Mayet à 80, Montfort à 100, Montmirail à 185, Pontvallain à 52, Sablé à 25, Saint-Paterne à 140, la Suze à 33, Tuffé à 100, Vibraye à 125.

Le département a été doté en 1877 d'un service météorologique qui donne aux agriculteurs des avertissements analogues à ceux qui, dans les ports de mer, ont déjà rendu de si importants services. Il existe des stations météorologiques dans 23 communes, et 41 stations udométriques, dans lesquelles il est tenu note de tous les phénomènes atmosphériques et de la quantité de pluie qui tombe dans le courant de l'année.

V. — Curiosités naturelles.

Le département de la Sarthe n'étant pas borné par la mer et ne possédant pas de hautes montagnes, n'est pas aussi riche en curiosités naturelles que la plupart des départements du littoral, du centre, du sud-ouest et du sud-est de la France. Il possède cependant quelques *sources incrustantes*, dont les principales sont celles de Fontenelles, à Sargé, et celle de l'ancien château de Vernie, canton de Beaumont.

On y rencontre aussi des *fontaines intermittentes*, ainsi nommées parce qu'elles coulent et s'arrêtent à des époques déterminées ; nous citerons seulement celle de la Héalerie, près de Pescheray, commune du Breil, et celle du Chatelet, à Noyen, qui coule pendant la sécheresse et se tarit aux époques pluvieuses.

Il existe à Vion une source nommée la *Fontaine-sans-Fond*, d'où sort à certaines époques une grande quantité de poissons.

Les *sources salées* sont assez nombreuses dans les communes de Chemiré-le-Gaudin, la Suze et Roëzé. On remarque surtout celle du château de Belle-Fille, à Chemiré, connue sous le nom des *Salines*.

Enfin n'oublions pas de signaler les ruisseaux qui se perdent sous terre, au nombre de 13, parmi lesquels le plus remarquable est celui d'*Arthenay* (commune de Chemiré-le-Gaudin), qui disparaît plusieurs fois sous le sol.

VI. — Histoire.

Avant la conquête de la Gaule par les armées romaines, les *Aulerces Cénomans* occupaient le territoire de la Sarthe. Tacite les compte parmi les peuplades gauloises qui envahirent l'Italie sous la conduite de Bellovèse et se fixèrent dans le nord de la Péninsule. Lorsque, 58 ans avant notre ère, Jules César entreprit la conquête de la Gaule, un de ses lieutenants, Crassus, soumit cette tribu, qui, plus tard, prit part à l'insurrection dont Vercingétorix fut à la fois le héros et le glorieux martyr.

Les sept voies romaines qui partaient du Mans, se dirigeant vers Jublains, Tours, Séez, Angers, Vendôme, Chartres et Orléans, les restes d'un amphithéâtre de 100 mètres de diamètre, découverts au Mans en 1791, les ruines de plusieurs aqueducs qui alimentaient les thermes de cette cité, et les restes de ses remparts, démontrent que le Mans, ancienne *Suindinum* ou *Vindinum*, était dès lors considérable. Les conquérants avaient fait du Mans une station des plus fortes, d'où ils pouvaient, en peu de temps, se porter sur le centre ou vers l'ouest de la Gaule.

Si la domination romaine s'était vigoureusement affirmée dans le premier siècle qui suivit la conquête, bientôt elle s'affaiblit graduellement ; et, sous les derniers Césars, le territoire des Cénomans, qui faisait partie de la troisième Lyonnaise, devint à peu près indépendant. Ces populations se réunirent à la République Armoricaine et conservèrent leur liberté jusqu'au milieu du cinquième siècle, époque à laquelle elles furent soumises par un chef franc, Régnomer, parent de Clovis. Le roi des Francs le fit massacrer avec ses autres parents, parmi lesquels il craignait de trouver des rivaux.

Dès le troisième siècle, le christianisme, prêché par saint Julien, avait fait de grands progrès dans ces contrées. Les évêques du Mans, qui succédèrent à cet apôtre, édifièrent beaucoup plus tard la superbe basilique qui porte son nom, sur le lieu même où il fit entendre ses premières prédications. Peu à peu ces prélats acquirent un pouvoir incontesté, devant lequel durent souvent s'incliner les comtes, révocables et viagers, nommés par le roi, qui gouvernèrent depuis l'époque de la conquête jusqu'à l'avènement de Hugues Capet.

L'influence bienfaisante des évêques procura aux habitants quelques années de calme et une sécurité relative, au milieu des troubles qui ensanglantèrent la France sous les successeurs de Clovis et sous les maires du palais.

En 515, l'évêque saint Innocent fonda au Mans le monastère de Notre-Dame-de-Gourdaine. L'abbaye de Saint-Vincent et le monastère de Saint-Pavin furent édifiés par saint Domnole en 560. L'hôpital de Pontlieue et le monastère de la Couture eurent pour fondateur saint Bertrand ; mais, de tous ces pontifes, le plus célèbre par ses vertus fut saint Aldric : c'est à lui que le Mans doit les hospices de l'*Hôpitau* et des *Ardents*, et maintes autres fondations charitables, ainsi que ses fontaines et l'aqueduc qui sert à les alimenter.

Lorsque, en 778, Charlemagne traversa le Mans pour se rendre en Espagne, cette ville était une des plus importantes et des plus industrieuses de la France. Mais, à la mort de Louis le Débonnaire, Lothaire ayant envahi le Maine qui était

Cathédrale du Mans.

échu à Charles le Chauve, et s'en étant emparé, sa décadence fut aussi rapide qu'elle devait être longue. Cette belle province, que se disputaient plusieurs souverains, est, en effet, à dater de cette époque, périodiquement ravagée par les Normands. Ces pirates surprennent le Mans, qu'ils pillent et dont ils massacrent les habitants; ils entrent dans Sablé, où le pape Urbain II, en 1096, devait venir prêcher la première croisade. Ils s'emparent encore d'autres villes et ne se retirent que chargés de butin, se promettant de revenir bientôt.

Les comtes du Maine, auxquels Hugues Capet avait rendu la puissance héréditaire en la personne de Hugues Ier, ne parvinrent pas à repousser complétement ces obstinés envahisseurs, et l'un d'eux, Herbert, connu sous le nom bizarre et expressif d'*Éveille-Chien*, reconnut pour son suzerain Guillaume le Bâtard, lorsque le duc de Normandie, sous prétexte d'appuyer les droits de son fils Robert, qui avait été fiancé à la fille d'Herbert II, entra dans le Maine et soumit la province à son autorité.

Pour consolider la conquête du comté, qu'il ajoutait à son duché héréditaire de Normandie arraché par Rollon à la faiblesse de Charles le Chauve, Guillaume fit démanteler le Mans et construisit dans cette ville un château fort. Mais, désireux de s'attacher ses nouveaux sujets, il leur accorda des franchises municipales ou, du moins, leur conserva celles qu'ils possédaient déjà. Toutefois, les Manceaux ne se laissèrent ni intimider par la construction de cette forteresse, ni gagner par les faveurs que le vainqueur daignait leur accorder. Lorsque Guillaume se fut emparé de l'Angleterre, ils profitèrent de son éloignement pour se soulever (1066). Le pays tout entier suivit leur exemple; mais le roi d'Angleterre leur imposa de nouveau son joug détesté. Trois révoltes successives furent ainsi comprimées. A la faveur des divisions qui s'élevèrent entre les ducs Robert et Guillaume le Roux, fils et successeurs de Guillaume le Conquérant, les Manceaux prirent de nouveau les armes. Ils furent soutenus dans cette lutte longue et acharnée par Hélie de la Flèche, représentant héréditaire des comtes du Maine, et dont le père, Jean de la Flèche, avait passé sa vie à combattre Foulques le Réchin, comte d'Anjou. Hélie finit par triompher de son adversaire et par rester seul maître de la province.

Notre-Dame de la Couture, au Mans.

Hélie de la Flèche maria sa fille Éremburge à Foulques V, et le comté du Maine fut ainsi réuni à celui d'Anjou. Geoffroi le Bel, surnommé Plantagenet, fils de Foulques, ayant épousé en 1129 Mathilde, fille du roi d'Angleterre Henri II, il naquit

au Mans, de cette union, un fils qui devint roi d'Angleterre
en 1154, sous le nom d'Henri II.

Cette trop longue période de troubles, de révoltes, de
guerres qui suivit la conquête du Maine par Guillaume le Conquérant fut suivie d'une effroyable famine (1085), à laquelle
devaient succéder des guerres nouvelles, de nouveaux dé-
sastres.

Louis le Jeune avait reçu à Montmirail (1168) l'hommage
d'Henri II d'Angleterre pour le duché de Normandie, et ceux de
ses fils, Henri au Court-Mantel et Richard Cœur-de-Lion, pour
l'Anjou, le Maine et la Bretagne. Dans la ville de la Ferté-
Bernard eurent lieu ensuite des conférences destinées à rap-
procher Philippe Auguste et Henri II et qui, malheureusement,
n'aboutirent pas, comme à Montmirail, à cimenter la paix
entre le roi de France et le roi d'Angleterre. Philippe Auguste
se jeta alors sur le Maine et l'Anjou et en chassa les Anglais ;
mais ces deux provinces ne furent définitivement conquises
que lorsque Jean Sans-Terre (1203) eut été condamné à perdre tous les biens qu'il possédait en France, pour avoir fait
assassiner son neveu Arthur de Bretagne. Philippe Auguste,
qui s'était fait l'exécuteur de la sentence rendue contre son
vassal, tint cependant compte des droits de la reine Bérengère, veuve de Richard Cœur-de-Lion. Il lui céda la ville
du Mans, qu'elle habita jusqu'à sa mort (1230), et où elle
fut inhumée dans l'abbaye de l'Épau, qu'elle avait récemment
fondée. Louis IX, à la mort de Bérangère, assigna, comme
douaire, à sa femme, Marguerite de Provence, le comté du
Maine et le donna, en 1246, à son frère Charles, comte de Provence et roi de Naples.

Lorsque, en 1328, le comte du Maine, Philippe de Valois,
parvint au trône, il habitait, au Mans, avec Jeanne de Bourgogne, sa femme, le château du Gué-de-Maulny. C'est là qu'é-
tait né l'infortuné roi Jean, surnommé le Bon, qui allait sou-
tenir une guerre funeste contre Édouard III, roi d'Angleterre,
prétendant à la couronne de France.

Édouard débarqua sur le continent à la tête d'une armée

formidable. Vainqueur sur mer à l'Écluse (1340), sur terre à
Crécy (1346), il porta le théâtre de la guerre dans la province du Maine. Après la sanglante défaite du roi Jean à Poi-
tiers (1356), les Anglais restèrent maîtres de toute cette partie de la France ; mais, battus par le connétable du Guesclin
et le vaillant Olivier de Clisson à Pontvallain, à sept lieues
du Mans, entre Mayet et la Flèche (1370), et défaits dans
plusieurs autres rencontres, ils durent se retirer. Malheureusement le fruit de ces victoires fut rapidement perdu sous
Charles VI. C'est en traversant la forêt du Mans, lorsqu'il
marchait contre le duc de Bretagne, que le roi ressentit les
premières atteintes de la folie.

« On était au commencement d'août 1392, dit M. de Ba-
rante (*Histoire des ducs de Bourgogne*), dans les jours les
plus chauds de l'année. Le soleil était ardent, surtout dans ce
pays sablonneux. Le roi était à cheval, vêtu de l'habillement
court et étroit qu'on nommait *une jacque ;* le sien était en
velours noir et l'échauffait beaucoup. Il avait sur la tête un
chaperon de velours écarlate orné d'un chapelet de grosses
perles que lui avait donné la reine à son départ. Derrière lui
étaient deux pages à cheval. Pour ne pas incommoder le roi
par la poussière, on le laissait marcher presque seul. Le duc
de Bourgogne et le duc de Berry étaient à gauche, quelques
pas en avant, conversant ensemble. Le duc d'Orléans, le duc
de Bourbon, le sire de Coucy et quelques autres étaient aussi
en avant, formant un autre groupe. Par derrière, les sires de
Navarre, de Bar, d'Albret, d'Artois et beaucoup d'autres se
trouvaient en assez grande troupe. On cheminait en cet équi-
page, et l'on venait d'entrer dans la grande forêt du Mans,
lorsque tout à coup sortit de derrière un arbre, au bord de la
route, un grand homme, la tête et les pieds nus, vêtu d'une
méchante souquenille blanche ; il s'élança et saisit le cheval
du roi par la bride : « Ne vas pas plus loin, cria-t-il, tu es
trahi ! » Les hommes d'armes accoururent sur-le-champ, et
frappant du bâton de leur lance sur les mains de cet homme,
ils lui firent lâcher la bride. Comme il avait l'air d'un pauvre

fou et ien de plus, on le laissa aller sans s'informer de rien,
et il suivit le roi pendant près d'une demi-heure, répétant de
loin le même cri. Le roi fut fort troublé de cette apparition
subite ; sa tête, qui était très faible, en fut ébranlée. Cependant on continua à marcher. La forêt passée, on se trouva
dans une grande plaine de sable où les rayons du soleil étaient
plus brûlants encore. Un des pages du roi, fatigué de la cha-
leur, s'étant endormi, la lance qu'il portait tomba sur le cas-
que et fit soudainement retentir l'acier. Le roi tressaillit, et
alors on le vit, se levant sur ses étriers, tirer son épée, pres-
ser son cheval des éperons et s'élancer en criant : « En avant
« sur ces traîtres! ils veulent me livrer aux ennemis ! » Cha-
cun s'écarta en toute hâte, pourtant pas si tôt que quelques-
uns ne fussent blessés ; on dit même que plusieurs furent
tués, entre autres un bâtard de Polignac. Le frère du roi, le
duc d'Orléans, se trouvait là tout près; le roi courut sur lui
l'épée levée et allait le frapper : « Fuyez, mon neveu d'Or-
« léans, s'écrie le duc de Bourgogne; monseigneur est dans le
« délire. Mon Dieu, qu'on tâche de le prendre ! » Il était si fu-
rieux que personne n'osait s'y risquer! on le laissait courir çà
et là et se fatiguer, en poursuivant tantôt l'un, tantôt l'autre.
Enfin, quand il fut lassé et trempé de sueur, son chambellan,
Guillaume de Martel, s'approcha par derrière et le prit à bras
le corps ; on l'entoura, on lui ôta son épée, on le descendit de
cheval, il fut couché doucement par terre ; on défit sa jacque;
son frère et ses oncles s'approchèrent ; ses yeux fixes ne recon-
naissaient personne ; il ne disait pas une parole : « Il faut re-
« tourner au Mans, dirent les ducs de Berry et de Bourgogne ;
« voilà le voyage de Bretagne fini. » On trouva sur le chemin
une charrette à bœufs; on y plaça le roi de France, en le
liant, de peur que sa fureur ne le reprît, et on le ramena à
la ville sans mouvement et sans parole. »

Le règne de ce prince fut désastreux pour la province
comme pour le reste de la France. Mamers, Beaumont-le-Vi-
comte, Ballon, tombèrent au pouvoir des Anglais. La Ferté-
Bernard, qui soutint un siége de quatre mois, fut prise

Charles VI dans la forêt du Mans.

par Salisbury qui, après la bataille de Verneuil, assiégea le Mans et s'en empara.

Le vaillant Ambroise de Loré reprit aux Anglais la plupart des places où ils s'étaient fortifiés. Le Mans, soulevé contre l'étranger, se vit de nouveau contraint de lui ouvrir ses portes, et Talbot fit mettre à mort les promoteurs de la révolte. Salisbury rasa les fortifications de Mamers. Le comte d'Arundel s'empara de Sillé-le-Guillaume, qui lui fut enlevé un instant par Gilles de Laval, maréchal de Retz, que ses crimes ont rendu célèbre, et plus tard définitivement par Ambroise de Loré. Enfin, Dunois (1447) entre dans le Mans, et les Anglais sortent du Maine pour n'y plus revenir. Cependant cette province ne fit définitivement retour à la couronne que sous Louis XI, en 1481. Ce prince accorda des priviléges à la ville du Mans. Cinq ans plus tard, à Sablé, où, après la bataille de Saint-Aubin-du-Cormier, fut enfermé le duc d'Orléans, depuis Louis XII, fut signé un traité de paix entre Charles VIII et la Bretagne.

Cette contrée, si éprouvée par la guerre étrangère, ne jouit pas longtemps du repos auquel elle avait droit pourtant après tant de sang versé, tant de luttes ardentes où elle avait donné tant de preuves héroïques de son patriotisme. Pendant tout le seizième siècle, les passions religieuses y ramenèrent toutes les horreurs de la guerre, rendue de plus en plus cruelle par le sombre fanatisme de l'époque.

Henri Salvert et Merlin de la Rochelle, disciples de Théodore de Bèze, furent les premiers Calvinistes qui prêchèrent leurs doctrines dans la province. Gervais le Barbier continua leur œuvre. Mamers devint un des foyers les plus ardents du protestantisme. Un consistoire réformé fut tenu au Mans en 1560, et, l'année suivante, un édit ayant prescrit exclusivement la pratique et les usages de l'Église catholique, la guerre civile éclata et devint bientôt impitoyable. Le Mans fut pris par les protestants, et les catholiques y exercèrent plus tard de si terribles vengeances que la Saint-Barthélemy y fut inutile. Cette guerre féroce et impie dura jusqu'en 1589. A cette époque, Sablé, Beaumont, Fresnay, qui avait été saccagé par les protestants de Normandie, et plusieurs autres villes se soumirent à Henri IV. Le gouverneur Bois-Dauphin, qui tenait le Mans pour la Ligue, ouvrit les portes de la place à ce prince, et tous les partisans de la Ligue, si nombreux dans le Maine, en furent chassés ; mais, avant de partir, ils incendièrent la ville de Mamers. Enfin, l'édit de Nantes (1598) rendit le calme à cette malheureuse province, qui n'eut plus à souffrir, pendant les deux siècles suivants, que des mauvaises lois, des impôts excessifs, des règlements arbitraires et absurdes relatifs au commerce et à l'industrie; mais tous ces maux elle les subissait avec le reste de la France.

En 1604, les jésuites fondèrent à la Flèche le collége qui devint en 1762, après leur expulsion du royaume, un établissement consacré à l'instruction gratuite de 150 fils de familles nobles qui se destinaient à la carrière des armes.

Sous les règnes de Louis XIII et de Louis XIV, si la contrée eut à subir de redoutables épidémies et à souffrir de la famine (1617), sa tranquillité au moins ne fut pas troublée. Vers 1755, furent ouvertes les grandes routes qui traversent le département, et que devaient plus tard parcourir les bandes vendéennes et les armées de la République.

La révolution de 1789 fut accueillie avec faveur dans le Maine, mais quelques désordres regrettables en signalèrent les débuts. A Ballon, deux citoyens, MM. Cureau et Montesson, accusés d'avoir tenté d'entretenir la famine en accaparant des blés, furent massacrés par les paysans affolés ; toutefois leurs meurtriers furent punis.

En 1793, les Vendéens, soulevés contre le gouvernement républicain, pénétrèrent dans le département de la Sarthe, dont ils croyaient la population sympathique à leur cause. L'armée vendéenne, composée de 70,000 âmes, dont 15,000 combattants seulement, après s'être emparée de la Flèche, se dirigea vers le Mans, le 9 décembre 1793. Henri de la Rochejacquelein la commandait. Les habitants du Mans, à l'approche des Vendéens, se mirent en état de défense. Le

pont du bourg de Pontlieue fut fortifié ; deux arches de l'ancien pont furent coupées. Mais tous ces préparatifs et les efforts
de la garde nationale n'empêchèrent pas les Vendéens d'entrer
dans le Mans le 10 décembre. Ils en furent chassés par les généraux républicains Marceau et Westermann, après une lutte
sanglante, qui eut lieu sur la place de l'Éperon. Les Vendéens

Entrée du Prytanée de la Flèche.

s'enfuirent vers Laval et Alençon, jonchant les routes de leurs
morts, abandonnant l'immense et riche butin qu'ils traînaient
après eux. Cette défaite amena plusieurs trêves ou suspen-
sions d'armes, qui malheureusement ne furent pas définitives.
La guerre civile continua sous le nom de chouannerie. Les

Chouans, commandés par le général Bourmont, surprirent le Mans dans la nuit du 13 octobre 1799, et l'occupèrent trois jours. La pacification du département, commencée par le général Hoche, fut enfin terminée en 1800 par les généraux Brunet et Hédouville.

En 1870, après les défaites successives qui amenèrent la retraite de l'armée de la Loire victorieuse à Coulmiers, le Mans devint le centre des opérations du général Chanzy, qui s'y

Prytanée de la Flèche.

établit le 19 décembre. Ce fut près de cette ville, à l'est et au sud, que fut livrée, le 11 janvier suivant, la désastreuse bataille qui rendit désormais impossible la délivrance de Paris par les armées de province. Les troupes allemandes, fortes d'environ 150,000 hommes, commandés par le prince Frédéric-Charles, après avoir livré, les jours précédents, des combats partiels à Montfort, à Champagné, à Savigné-l'Évêque et à Changé, où les Français avaient, sauf sur ce dernier point, conservé leurs

positions, furent engagées vers dix heures du matin, et l'at-
taque devint peu à peu générale. La division Collin, postée
entre Beillé et la station de Connerré, se vit forcée, après
un combat acharné, de se replier sur la route de Saint-Célerin à Lombron. A Montfort et à Pont-de-Gennes, les Alle-
mands furent refoulés par le général Jaurès. Le général Gougeard, attaqué par des forces supérieures, perdit les positions
de Champagné et de Mars-la-Brière. Le général Colomb se
maintint énergiquement pendant six heures sur le plateau
d'Auvours, où, en 1874, a été érigé un monument commé-
moratif. Mais une portion de nos troupes ayant cédé, les ennemis occupèrent cette position importante, qui fut ensuite re-
prise par le général Gougeard. Au sud-est du Mans, l'amiral
Jauréguiberry reçut vigoureusement les ennemis, et la journée,
si honorable d'ailleurs pour la France, eût peut-être entièrement tourné à son avantage si la position importante de la
Tuilerie, située sur un point culminant, à 2 kilomètres et
demi de Pontlieue, n'eût pas été abandonnée par des mobilisés
bretons mal armés et arrivés de la veille. Cette position per-
due, l'armée pouvait être tournée. Le 12, par une nuit gla-
ciale, le général Chanzy tenta vainement de la reprendre ; ce
nouvel insuccès acheva de démoraliser nos troupes, et la retraite sur Laval fut décidée. Elle fut protégée par le général
Jaurès, qui, à la tête du 21e corps, soutint pendant deux jours
les efforts du duc de Mecklembourg. Nos pertes à la bataille
du Mans furent de 4000 à 5000 hommes tués ou blessés et de
12,000 à 15,000 prisonniers.

VII. — Personnages célèbres.

Douzième siècle. — HENRI II, roi d'Angleterre, le premier
de la dynastie angevine ou des Plantagenets, né au Mans
(1133-1189).

Quatorzième siècle. — JEAN II dit LE BON, roi de France,
né au Mans (1319-1364).

Seizième siècle. — JEAN TEXIER, dit DE BEAUCE, natif ou

originaire de la Ferté-Bernard, architecte et sculpteur célèbre dont le chef-d'œuvre est le Clocher-Neuf de la cathédrale de Chartres. — PIERRE BELON, médecin, voyageur, naturaliste distingué, né au hameau de la Soultière, commune de Cérans-Foulletourte (1517-1564), assassiné au bois de Boulogne. — GERMAIN PILON, un des plus grands sculpteurs français, né à Loué (1515-1590). — LAZARE DE BAÏF, littérateur, né à la Flèche, mort en 1547. — RENÉ CHOPIN, jurisconsulte, né à la Flèche (1557-1606). — ROBERT GARNIER, poète tragique, né à la Ferté-Bernard (1545-1601). — LA CROIX-DU-MAINE, bibliographe distingué, né au Mans (1552-1592).

Dix-septième siècle. — MARIN MERSENNE, savant religieux, ami de Descartes, né à la Soultière, commune de Cérans-Foulletourte (1588-1648). — URBAIN GRANDIER, curé de Saint-Pierre, à Loudun, victime du fanatisme de son temps, brûlé vif à Loudun, né près de Sablé (1590-1634). — JEAN PICARD, astronome, professeur du Collège de France, membre de l'Académie des sciences, né à la Flèche (1620-1682). — JOSEPH SAUVEUR, savant, né à la Flèche (1655-1716). — Le marquis DE DANGEAU (1658-1720), célèbre courtisan, favori de Louis XIV, auteur de curieux *Mémoires* sur le grand règne, né au château de Courcillon, commune de Dissay-sous-Courcillon.

Dix-huitième siècle. — JOACHIM BOUVET, jésuite, savant envoyé par Louis XIV en Chine pour étudier les procédés des arts et manufactures de ce pays, né au Mans, mort à Pékin (1665-1732). — ÉLISABETH DE LAVERGNE, comte DE TRESSAN, littérateur, membre de l'Académie, un des restaurateurs de la langue provençale, né au Mans (1705-1783). — CLAUDE YVON, écrivain, philosophe, chanoine de Coutances, né à Mamers (1714-1791). — Le comte MAILLY D'HARCOURT, maréchal de France, né à Corbuon, commune de Villaines-sous-Lucé (1708-1794). — VÉRON DE FORBONNAIS, économiste, né au Mans (1722-1800). — CLAUDE CHAPPE, physicien, inventeur du télégraphe aérien, né à Brûlon (1740-1805).

Dix-neuvième siècle. — FRANÇOIS DE NÉGRIER, général, tué aux journées de juin 1848, né au Mans (1788-1848). —

D·m Prosper Guéranger, écrivain religieux, abbé de Solesmes, né au Mans en 1806, mort en 1875. — Théophile Thoré, publiciste et critique d'art, né à la Flèche (1807-1869). — Mme Pape-Carpentier (1815-1878), célèbre institutrice, auteur d'excellents ouvrages d'éducation, née à la Flèche.

VIII.—Population, langue, culte, instruction publique.

La *population*, d'après le recensement de 1886, est de 456,111 hab. A ce point de vue, c'est le 27e départ. Le chiffre des hab. divisé par celui des hect. donne 70 hab. par 100 hect. ou par kil. carré; c'est ce qu'on appelle la *population spécifique*. C'est un peu moins de la moyenne (73) de la France entière. Sous ce rapport, la Sarthe est le 28e départ.

Depuis 1801, date du premier recensement officiel, le département de la Sarthe a gagné 55,290 habitants. La population tend à décroître d'une manière sensible, car depuis le recensement de 1866 elle a diminué de 29,504 habitants.

Les habitants n'ont pas de patois qui rappelle une ancienne nationalité; ils parlent tous le français, et, en général, s'expriment assez correctement et sans aucun accent particulier.

Presque tous les habitants sont catholiques : il existe à peine 300 protestants et 25 israélites.

Le nombre des *naissances* a été, en 1887, de 8,798 (plus 570 mort-nés); celui des *décès*, de 9,382; celui des *mariages*, de 3,119.

La *vie moyenne* est de 40 ans 2 mois.

Le *lycée* du Mans a compté, en 1884-85, 505 élèves; les *collèges communaux* de Courdemanche, Sablé, Sillé-le-Guillaume, 330; le *prytanée* militaire de la Flèche, 400; le *collège ecclésiastique* de Mamers, celui de Saint-Calais et le *petit séminaire* de Précigné, 690; 79 *cours d'adultes*, 1,759 auditeurs; 786 *écoles primaires*, 55,971 *élèves*; 54 *salles d'asile*, 5,403 enfants.

Le recensement des 3,497 jeunes gens de la classe de 1883 a donné les résultats suivants :

Ne sachant ni lire ni écrire.   582

Sachant lire seulement . . . .   139·

Sachant lire, écrire et compter 2,682

Bacheliers   25

Dont on n'a pu vérifier l'instruction.   60

Sur 24 accusés de crime, en 1884, on a compté :

Accusés ne sachant ni lire ni écrire.   7

— sachant lire et écrire. 16

— ayant reçu une instruction supérieure. .   1

IX. — Divisions administratives.

Le département de la Sarthe forme : le diocèse du Mans (suffragant de Tours) ; — la 3e et la 4e subdivision de la 4e région de corps d'armée (Le Mans). — Il ressortit : à la cour d'appel d'Angers ; — à l'Académie de Caen ; — à la 4e légion de gendarmerie (Le Mans) ; — à la 14e inspection des ponts et chaussées ; — au 15e arrondissement forestier (Alençon) ; — à l'arrondissement minéralogique de Rennes (division du nord-ouest) ; — à la 1re région agricole (nord-ouest). Il comprend 4 arrondissements (La Flèche, Mamers, le Mans, Saint-Calais), 33 cantons, 385 communes.

Chef-lieu du département : LE MANS.

Chefs-lieux d'arrondissement : LA FLÈCHE, MAMERS, LE MANS, SAINT-CALAIS.

Arrondissement de la Flèche (7 cant.; 75 com.; 92,570 h.; 161,646 hect.).

Canton de Brûlon (15 com. ; 10,435 h.; 20,379 hect.). — Avessé — Brûlon — Chantenay — Chevillé — Fercé — Fontenay — Maigné — Mareil-en-Champagne — Pirmil — Poillé — Saint-Christophe-en-Champagne — Saint-Ouen-en-Champagne — Saint-Pierre-des-Bois — Tassé — Viré.

Canton de la Flèche (9 com. ; 18,573 h.; 20,916 hect.).— Bazouges — Chapelle-d'Aligné (La) — Clermont — Cré — Crosmières — Flèche (La) — Mareil-sur-Loir — Saint-Germain-du-Val — Verron.

Canton du Lude (9 com. ; 11,547 h.; 26,557 hect.). — Bruère (La) — Chapelle-aux-Choux (La) — Chenu — Dissé-sous-le-Lude — Luché-Pringé — Lude (Le) — Saint-Germain-d'Arcé — Savigné-sous-le-Lude — Thorée.

Canton de Malicorne (11 com.; 10,087 h.; 20,926 hect.). — Arthezé — Bailleul (Le) — Bousse — Courcelles — Dureil — Ligron — Malicorne — Mézeray — Noyen — Saint-Jean-du-Bois — Villaines-sous-Malicorne.

Canton de Mayet (7 com.; 10,383 h.; 17,960 hect.). — Aubigné — Coulongé — Lavernat — Mayet — Sarcé — Vaas — Verneil-le-Chétif.

Canton de Pontvallain (9 com.; 11,585 h.; 21,157 hect.). — Cerans-Foulletourte — Château-l'Hermitage — Fontaine-Saint-Martin (La) — Mansigné — Oizé — Pontvallain — Requeil — Saint-Jean-de-la-Motte — Yvré-le-Pôlin.

Canton de Sablé (15 com.; 19,060 h.; 32,388 hect.). — Asnières — Auvers-le-Hamon — Avoise — Courtillers — Gastines — Juigné-sur-Sarthe — Louailles — Parcé — Pé (Le) — Pincé — Précigné — Sablé — Solesmes — Souvigné-sur-Sarthe — Vion.

Arrondissement de Mamers (10 cant.; 140 com.; 105,666 h.; 169,190 hect.).

Canton de Beaumont-sur-Sarthe (15 com.; 11,956 h.; 17,040 hect.). — Assé-le-Riboul — Beaumont-sur-Sarthe — Cherancé — Coulombiers — Doucelles — Juillé — Maresché — Piacé — Saint-Christophe-du-Jambet — Saint-Germain-de-la-Coudre — Saint-Marceau — Ségrie — Tronchet (Le) — Vernie — Vivoin.

Canton de Bonnétable (10 com.; 9,493 h.; 12,990 hect.). — Aulaines — Bonnétable — Briosne — Courcival — Jauzé — Nogent-le-Bernard — Rouperroux — Sables — Saint-Georges-du-Rosay — Terrehault.

Canton de la Ferté-Bernard (12 com.; 12,688 h.; 17,280 hect.). — Avezé — Chapelle-du-Bois (La) — Cherreau — Cormes — Dehault — Ferté-Bernard (La) — Préval — Saint-Aubin-des-Coudrais — Saint-Martin-des-Monts — Souvigné-sur-Même — Théligny — Villaines-la-Gonais.

Canton de Fresnay (12 com.; 13,568 h.; 19,317 hect.). — Assé-le-Boisne — Douillet — Fresnay — Moitron — Montreuil-le-Chétif — Saint-Aubin-de-Locquenay — Saint-Georges-le-Gaultier — Saint-Léonard-des-Bois — Saint-Ouen-de-Mimbré — Saint-Paul-le-Gaultier — Saint-Victeur — Sougé-le-Ganelon.

Canton de la Fresnaye (13 com.; 5,571 h.; 14,578 hect.). — Aillères — Aulneaux (Les) — Beauvoir — Blèves — Chassé — Chenay — Fresnaye (La) — Lignières-la-Carelle — Louzes — Montigny — Neufchatel — Roullée — Saint-Rigomer-des-Bois.

Canton de Mamers (21 com.; 15,618 h.; 18,193 hect.). — Champaissant — Commerveil — Contilly — Contres — Louvigny — Mamers — Marolette — Mécs (Les) — Panon — Pizieux — Saint-Calez-en-Saosnois — Saint-Cosme-de-Vair — Saint-Longis — Saint-Pierre-des-Ormes — Saint-Rémy-des-Monts — Saint-Rémy-du-Plain — Saint-Vincent-des-Prés — Saosnes — Val (Le) — Vezot — Villaines-la-Carelle.

Canton de Marolles-les-Braults (18 com.; 11,284 h.; 16,689 hect.). — Avesnes — Congé-sur-Orne — Courgains — Dangeul — Dissé-sous-Ballon

— Lucé-sous-Ballon — Marolles-les-Braults — Meurcé — Mézières-sous-Ballon — Moncé-en-Saosnois — Monhoudou — Nauvay — Nouans — Peray — Ponthouin — René — Saint-Aignan — Thoigné.

Canton de Montmirail (9 com.; 7.656 h.; 15,228 hect.). — Champrond — Courgenard — Gréez-sur-Roc — Lamnay — Melleray — Montmirail — Saint-Jean-des-Échelles — Saint-Maixent — Saint-Ulphace.

Canton de Saint-Paterne (17 com. ; 9,678 h.; 15,969 hect.). — Ancinnes — Arçonnay — Bérus — Bethon — Bourg-le-Roi — Champfleur — Cherisay — Chevain (Le) — Fyé — Gesne-le-Gandelin — Grandchamp — Livet — Moulins-le-Carbonnel — Oisseau (Le Petit-) — Rouessé-Fontaine — Saint-Paterne — Thoiré-sous-Contensor.

Canton de Tuffé (14 com.; 8,154 h.; 14,550 hect.). — Beillé — Boëssé-le-Sec — Bosse (La) — Bouër — Chapelle-Saint-Rémy (La) — Duneau — Luart (Le) — Prévelles — Saint-Denis-des-Coudrais — Saint-Hilaire-le-Lierru — Sceaux — Tuffé — Vouvray-sur-Huisne.

Arrondissement du Mans (10 cant.; 114 com.; 175,818 h.; 188,884 hect.).

Canton de Ballon (13 com. ; 13,774 h.; 17.981 hect.). — Ballon — Beaufay — Courceboeufs — Courcemont — Guierche (La) — Joué-l'Abbé — Montbizot — Sainte-Jammes-sur-Sarthe — Saint-Jean-d'Assé — Saint-Mars-sous-Ballon — Souillé — Souligné-sous-Ballon — Teillé.

Canton de Conlie (15 com.; 12,196 h. ; 24.593 hect.). — Bernay — Chapelle-Saint-Fray (La) — Conlie — Cures — Degré — Domfront-en-Champagne — Lavardin — Mézières-sous-Lavardin — Neuvillalais — Neuvy-en-Champagne — Quinte (La) — Ruillé-en-Champagne — Sainte-Sabine — Saint-Symphorien — Tennie.

Canton d'Ecommoy (11 com.; 13,797 h.; 21,676 hect.). — Brette — Écommoy — Laigné-en-Belin — Marigné — Moncé-en-Belin — Mulsanne — Saint-Biez-en-Belin — Saint-Gervais-en-Belin — Saint-Mars-d'Outillé — Saint-Ouen-en-Belin — Teloché.

Canton de Loué (14 com.; 12,162 h. ; 22,879 hect.). — Amné — Auvers-sous-Montfaucon — Brains — Chassillé — Chemiré-en-Charnie — Coulans — Crannes-en-Champagne — Épineu-le-Chevreuil — Joué-en-Charnie — Longnes — Loué — Saint-Denis-d'Orques — Tassillé — Vallon.

1er canton du Mans (6 com.; 42,956 h.; 13,042 hect.). — Arnage — Coulaines — Mans (Le) (Est-Sud) — Neuville-sur-Sarthe — Saint-Pavace — Sargé.

2e canton du Mans (7 com.; 22,526 h.; 6,044 hect.). — Allonnes — Chapelle-Saint-Aubin (La) — Mans (Le) (Nord-Ouest) — Pruillé-le-Chétif — Rouillon — Saint-Georges-du-Bois — Saint-Saturnin.

3e canton du Mans (12 com.; 16,858 h.; 12.868 hect.). — Aigné — Bazoge (La) — Challes — Changé — Chauffour — Fay — Milesse (La) — Parigné-l'Évêque — Ruaudin — Savigné-l'Évêque — Trangé — Yvré-l'Évêque.

Canton de Montfort (16 com.; 15,106 h.; 24,728 hect.). — Ardenay — Breil (Le) — Champagné — **Connerré** — Fatines — Lombron — Montfort — Nuillé-le-Jalais — Pont-de-Gennes — Saint-Célerin — Saint-Corneille — Saint-Mars-la-Brière — Sillé-le-Philippe — Soulitré — Surfonds— Torcé.

Canton de Sillé-le-Guillaume (10 com.; 13,905 h.; 20,520 hect.). — Crissé — Grez (Le) — Mont-Saint-Jean — Neuvillette — Parennes — Pezé-le-Robert — Rouessé-Vassé — Rouez — Saint-Rémy-de-Sillé — Sillé-le-Guillaume.

Canton de la Suze (11 com.; 10,558 h.; 17,772 hect.). — Chemiré-le-Gaudin — Étival-lès-le-Mans — Fillé — Guécélard — Louplande — Parigné-le-Pôlin — Roézé — Souligné-sous-Vallon — Spay — Suze (La) — Voivres.

Arrondissement de Saint-Calais (6 cant.; 56 com.; 62,057 h.; 109,939 hect.).

Canton de Bouloire (8 com.; 9,962 h.; 17,033 hect.). — Bouloire — Coudrecieux — Maisoncelles — Saint-Mars-de-Locquenay — Saint-Michel-de-Chavaignes — Thorigné — Tresson — Volnay.

Canton de la Chartre (9 com.; 9,466 h.; 15,830 hect.). — Beaumont-la-Chartre — Chahaignes — Chapelle-Gaugain (La) — Chartre (La) — Lavenay — L'Homme — Marçon — Poncé — Ruillé-sur-Loir.

Canton de Château-du-Loir (11 com.; 12,057 h.; 18,813 hect.) — Beaumont-Pied-de-Bœuf — Château-du-Loir — Dissay-sous-Courcillon — Flée — Jupilles — Luceau — Montabon — Nogent-sur-Loir — Saint-Pierre-de-Chevillé — Thoiré-sur-Dinan — Vouvray-sur-Loir.

Canton du Grand-Lucé (8 com.; 8,782 h.; 16,750 hect.). — Courdemanche — Grand-Lucé (Le) — Montreuil-le-Henri — Pruillé-l'Éguillé — Saint-Georges-de-la-Couée — Saint-Pierre-du-Lorouer — Saint-Vincent-du-Lorouer — Villaines-sous-Lucé.

Canton de Saint-Calais (14 com.; 13,298 h.; 26,314 hect.). — Bessé — Chapelle-Huon (La) — Cogners — Conflans — Écorpain — Évaillé — Marolles — Montaillé — Rahay — Saint-Calais — Sainte-Cerotte — Saint-Gervais-de-Vic — Sainte-Osmane — Vancé.

Canton de Vibraye (6 com.; 8,492 h.; 15,194 hect.). — Berfay — Dollon — Lavaré — Semur — Valennes — Vibraye.

X. — Agriculture; productions.

Sur les 624,400 hectares du département, divisés en 1,292,046 parcelles, on compte :

Terres labourables.	397,644 hectares.
Vignes.	8,902
Bois.	80,534
Prés et herbages	76,957
Landes, pâtures et terrains incultes . .	16,999

Le reste du territoire est occupé par les emplacements de villes, bourgs, villages, hameaux, fermes, par les routes, chemins de fer, cimetières, etc.

En 1886, on comptait dans le département 61,532 chevaux, 106 mulets, 6,970 ânes, 204,764 animaux de l'espèce bovine, 65,100 moutons, 91,197 porcs, 22,505 chèvres. Les bêtes à laine ont produit, en 1886, 2,178 quintaux de laine d'une valeur de 570,526 francs.

Les volailles connues sous le nom de chapons et *poulardes du Mans* (principalement aux environs de la Flèche, où se tient le marché) et les oies grasses y constituent des produits très rémunérateurs : plus de 250,000 volailles et de 100,000 oies sont expédiées annuellement à Paris. La contrée vend ou consomme chaque année plus de 10 millions d'œufs. On y compte 14,044 *ruches* d'où l'on a retiré 52,095 kilogrammes de miel, d'une valeur totale de 100,058 fr., et 18,718 de cire, estimés 54,282 fr. Le gibier abonde dans la Sarthe ; les rivières fournissent d'excellents poissons ; les renards y sont assez communs.

Les *chevaux* sont à juste titre renommés : ils sont forts et robustes comme ceux de la race percheronne, avec laquelle ils ont de nombreux points de ressemblance. L'élevage des chevaux réussit presque partout ; mais les chevaux les plus estimés paraissent être ceux de Chassé, Montigny, Saint-Paul-le-Gaultier et Roullée. La Sarthe est un des départements les plus riches en chevaux et en bœufs : il possède 11 chevaux et 56 bœufs par kil. carré.

La portion du département qui s'étend sur la rive droite de l'Huisne et de la Sarthe est en général fertile et très propre à la culture du froment ; la région située sur la rive gauche de ces cours d'eau, depuis Montmirail et Connerré jusqu'à Clermont, près de la Flèche, est une plaine maigre et sablonneuse, couverte de landes, sur lesquelles poussent des bois de pins maritimes, et où l'on rencontre cependant çà et là des champs bien cultivés et assez productifs. La région méridionale du département possède un sol plus riche, où se récoltent les vins les plus estimés de la Sarthe, et où prospèrent le froment et le méteil. Les rivières de la Sarthe, l'Huisne et le Loir arrosent de fertiles prairies. Dans le Fertois et le Saosnois sont les plus riches pâturages.

Le département de la Sarthe produit le froment, le méteil, le seigle, l'orge, l'avoine, le maïs, le sarrasin, des foins, trèfles, luzerne, sainfoins, du colza et autres graines oléagineuses, des betteraves, destinées presque exclusivement au bétail ; des pommes de terre, des légumes secs et frais, du chanvre, du lin, des marrons et châtaignes et des vins, dont les crus les plus estimés sont ceux de Bazouges, de Château-du-Loir et de Janières (vin blanc) et surtout ceux du coteau de Jasnières, commune de l'Homme.

En 1886, les agriculteurs de la Sarthe ont récolté 1,102,486 hecto-litres de froment, 509,599 de méteil, 251,470 de seigle, 553,814 d'orge, 576,284 d'avoine, 2,309 de maïs, 14,733 de sarrasin, 1,834,061 de pommes de terre, 410,427 quintaux de betteraves fourragères, 650,853 de trèfle, 141,810 de luzerne, 120,323 de sain-foin, 1,551,017 de foin, 43,916 de chanvre (filasse) et 10,636 de graine, 269,355 de pommes, 861 de prunes, (en 1887) 72,357 hectol. de vin, 4,708 quint. de châtaignes, dont il se vend pour 200,000 fr. sur le marché de Château-du-Loir. — Le départ. produit plus de fro-ment et de seigle qu'il n'en consomme. Les excédents de récolte s'expédient dans l'Orne, l'Eure, Eure-et-Loir, la Seine et en Angleterre.

Les arbres fruitiers y réussissent parfaitement, notamment les poiriers et les pommiers, dont on a retiré, en 1887, 324,024 hectol. de cidre. Les noyers sont nombreux, et leurs fruits sont l'objet d'un commerce important.

Les principales *forêts*, dont 10,500 hect. appartiennent à l'État, sont celles de Bercé ou Jupilles (5,165 hectares), de Perseigne (5,085 hect.), de Vibraye (3,000 hect.), de Sillé-le-Guillaume (2,000 hect. dans la Sarthe, le reste est dans la Mayenne), de Malpaire ou de Précigné (1,500 hect., dont le hêtre est l'essence principale), de Bonnétable (1,300 hect.), de la Grande et de la Petite-Charnie (1,000 hect.).

Les essences qui composent, en général, ces forêts sont : le chêne, qui dans la forêt de Perseigne atteint l'âge de 150 ans ; le charme, le châtaignier et le pin maritime, sous lequel disparaissent les landes sablonneuses, autrefois stériles. Les forêts de l'État, des communes ou appartenant à des particuliers, produisent ensemble 5,500,000 fr. Les progrès de l'agriculture vont toujours grandissant, grâce à la multiplicité et à l'amélioration des chemins de communication, à l'emploi plus fréquent et plus intelligent des engrais, à la pratique du drainage, qui a élevé le produit des terres de 10 à 300 pour 100 (depuis 1850, 5,600 hectares environ ont été drainés), et enfin à l'irrigation, dont l'utilité commence à être aussi appréciée. La Société d'agriculture du Mans, correspondant avec les comices agricoles établis dans les divers cantons du département, a aussi largement contribué par ses conseils et ses encouragements à pousser l'agri-culture dans la voie du progrès.

Il existe dans la Sarthe une ferme-école à la Pilletière, commune de Jupilles.

XI. — Industrie; produits minéraux.

Ses richesses minérales sont l'objet d'exploitations assez importantes ; nous signalerons d'abord l'*anthracite* et la *houille*. L'ensemble des concessions houillères, au nombre de sept, embrasse une étendue de 19,730 hectares, dont le produit en 1887 a été de 13,066 tonnes. Les centres d'extraction de houille les plus importants sont ceux de *Fercé*, communes de Sablé, Solesmes, Juigné-sur-Sarthe, Auvers-le-Hamon, Gatines, etc. L'anthracite est extrait à *Viré, Montfron*, communes d'Auvers-le-Hamon ; à *Poillé, Brûlon, Solesmes*, la *Promenade*, comprenant des sections de communes déjà citées, et partie des territoires d'Asnières, Avoise et Juigné.

Le *minerai de fer* se rencontre à Aigné, Assé-le-Boisne, la Bazoge, Berfay, Brûlon, Chemiré-en-Charnie, Chenu, Moulins-le-Carbonnel, Poillé, Saint-Célerin et Vibraye.

Il y a des *carrières de marbre* à Asnières, Auvers-le-Hamon, Brûlon, Chassillé (brèche-paille), Gréez (sérancolin rouge), Joué-en-Charnie (brun-panaché et gris-perlé), Juigné, Sablé (marbre noir et couleurs variées), Solesmes (marbres dits de l'Ouest). Dans ces deux dernières communes, 3 usines hydrauliques, dont une à Solesmes (400 ouvriers), emploient 800 lames à scier et produisent par an pour 400,000 fr. de marbre.

Les *carrières de pierre de taille* sont nombreuses à Crannes-en-Champagne, dans la forêt de Bonnétable, Luché-Pringé, Poncé, Pruillé-le-Chétif, Théligny, Sablé, Villaines-la-Carrelle.

Il y a des *ardoisières* à Parennes, Saint-Georges-le-Gaultier, etc.; des *pierres meulières*, à Villaines-la-Gonais et à Parigné-l'Évêque; de l'*argile* pour poterie, à Aulaine, Brains, etc.; des *marnières*, à Ancines, la Chapelle-du-Bois, Parigné-l'Évêque, etc.; des *tuffeaux* et des *tourbières*, à Ardenay, Mayet, Parigné-l'Évêque, Luché et Thorée; de la *chaux*, à la Chartre et Soulitré (chaux hydraulique), Malicorne, Parcé, Parigné-l'Évêque, etc.; de la *magnésie*, à Fresnay, etc.

Les *sources minérales*, assez nombreuses, ne sont pas l'objet d'une exploitation importante ; nous citerons : la source salée de Chemiré-le-Gaudin, celles de Fontaine-Blanche, d'Épineu-le-Chevreuil; la source dite de la Peur-au-Prêtre, à Saint-Mars-la-Brière; celles de Neuvillette, de la Chevalerie, à Noyen, Saint-Marceau, et de Parigné-l'Évêque, toutes trois ferrugineuses; de Poncé, Précigné, Ruillé-sur-Loir, et Saint-Remy.

Parmi les industries qui ne naissent pas directement du sol, les plus importantes sont : la fabrication de la *toile de chanvre et de lin*. Les métiers sont nombreux à Arconnay, Arnage, Bouloire, Bourg-le-Roi, Brette, Cherré, au Chevain, à Connerré, Dissé-sous-le-Lude, Fresné-sur-Sarthe, Gesnes-le-Gandelain, Saint-Victeur, Thorigné, au Mans, à Loué, Parigné-l'Évêque, Cormes, la Ferté-Bernard, Beaumont-sur-Sarthe, Mamers, au Breil, à Sillé-le-Guillaume, Gesnes, Bouloire, Verneil-le-Chétif, Challes, etc. Cette fabrication occupe environ 4,400 métiers; toutefois elle a beaucoup perdu de son importance. — Il existe des *filatures de chanvre* ou *de lin* à Champagné, au Mans, à Yvré-l'Évêque; *de coton*, à Bessé-sur-Braye et à Marçon; une *filature de laine*, à Saint-Calais; une fabrique de *serges*, à Saint-Calais; des fabriques de *siamoises*, à Bessé-sur-Braye et à Saint-Calais; de *futaines*, à Bessé. — Au Mans se fabriquent des *bâches*, et à Mayet des *couvertures*, de *l'ouate* à Château-du-Loir, Dissay-sous-Courcillon, Vaas et Vouvray-sur-le-Loir.

En résumé, la transformation du coton a lieu dans 7 établissements (13,000 broches et 225 métiers, dont 100 mécaniques), celle de la laine dans 4 établissements (500 broches, 160 métiers) et celle du lin et du chanvre dans 9 usines (4,000 broches, 4,500 métiers dont 500 mécaniques).

Des *papeteries* ont été établies à Aubigné, à Avoise, Bessé, Chahaignes (papier et carton), Challes, Cherré, la Courbe, la Flèche, au Lude, à Parigné-l'Évêque, Piacé, Poncé, Saint-Mars-la-Brière (ces usines occupent 790 ouvriers, emploient 480 chevaux-vapeur et ont fabriqué en 1884, 90,000 q. m. de papier et de carton valant en tout 6,300,000 fr.

L'industrie métallurgique est représentée dans le département par les *forges* et *fonderies* de Chemiré, à Chemiré-en-Charnie (250,000 kilogrammes de fonte et 170,000 kilogrammes de fer par an), d'Antoigné à Saint-James (haut-fourneau), de Cordé, du Mans, de Vibraye (essieux), de l'Aulne à Montreuil-le-Chétif, de la Gaudinière à Sougé-le-Ganelon, de la Ferté-Bernard, d'Écommoy, de Mamers, de Saint-Calais, l'usine métallurgique de la Cholière, les forges de Spay, d'Orthe; les *fonderies de cuivre* (quincaillerie et horlogerie) du Mans, de Boessé-le-Sec (fonderie et tréfilerie de laiton), Mont-Saint-Jean, Douillet-le-Joli (laminoir de cuivre) et la *fonderie de cloches* du Mans. La production totale annuelle du fer, en 1887, a été de 52 tonnes.

Le grand nombre de cours d'eau qui sillonnent le départ. a contribué à y rendre prospère l'industrie de la *meunerie* et de la *minoterie*.

Les fabriques de *poterie* et *faïence* sont assez nombreuses : il en existe surtout à Aulaines, Bonnétable, Connerré, Écommoy, Fillé-Guécélard, Cérans-Foulletourte, Guécélard, Ligron, Malicorne, Peuvillette, Précigné, Prévelles et la Suze (production totale, en 1884, environ 630,000 fr.).

Les *tuileries*, *briqueteries* et *fabriques de drains* sont réunies à Écommoy, Nuillé-le-Jalais, Bonnétable, Cherré, Soulitré, Précigné, Maresché, Saint-Aignan, Saint-Calais, au Mans, à Changé, etc.

Les fabricants de *sabots* et de *chaux* sont disséminés sur tout le territoire, notamment à Neufchâtel, Saint-Rigomer, la Fresnaye, Bonnétable, Château-du-Loir, Gréez, Jupilles, Mayet, Coulans, Torcé, etc.

Il existe deux *verreries* : à Coudrecieux et à Montmirail.

Il ne nous reste plus qu'à énumérer par ordre alphabétique les diverses industries qui, vu leur peu d'importance, n'ajoutent rien à la physionomie industrielle du département, mais qui ne laissent pas que de contribuer à sa richesse dans une large mesure. On fabrique la *bière* à Loué, Mamers et au Mans; les *chapeaux*, au Mans, au Lude; les *chaussures*, à la Flèche, à Neufchâtel, à Bonnétable, à Conlie, à Mamers, au Mans, etc.; les *conserves alimentaires*, au Mans (près de deux millions de boîtes par an), à Neuville, la Suze.

Le Mans possède 12 *corderies*; les *corroieries* sont nombreuses au Mans, à la Flèche, etc. Il y a des *clouteries* à Conlie, Loué, au Mans; des ateliers de *construction de machines*, au Mans (machines fixes, locomobiles, béliers hydrauliques), à Bonnétable, Beaumont-sur-Sarthe, la Chartre, Château-du-Loir, Vaas, la Flèche, Fresnay, Sillé-le-Guillaume, etc.; de *machines à coudre*, au Mans; des *distilleries*, à Bessé (betteraves), au Breil, à Rouillon, etc.; des *féculeries* ou *amidonneries*, à la Flèche, à Bazouges, au Lude, au Mans, à Thorigné, Yvréle-Pôlin; des fabriques de *fleurs artificielles*, au Mans, au Breil; d'*horlogerie*, à Mayet; des *imprimeries*, à la Chartre, Château-du-Loir, la Ferté-Bernard, la Flèche (2), Fresné-sur-Sarthe, Mamers, au Mans, à Sablé et à Saint-Calais; de *lingerie*, au Mans et à Pont-de-Gennes; de *lunettes*, à Connerré; de *toiles métalliques* (et une *tréfilerie*), à Connerré (cette importante usine exporte ses produits non seulement en France, mais en Belgique et en Hollande); de *produits chimiques* (carbonate de magnésie), au Mans; des *pépinières*, au Mans, à la Flèche, etc.; une *savonnerie*, à Pontlieue; des *scieries mécaniques*, à Château-du-Loir, Connerré, la Ferté-Bernard, la Flèche, Lavenay, Luché-Pringé, au Lude, au Mans, à Mayet, Thorigné, Vouvray; des *teintureries*, au Mans, à Loué, au Lude, à Saint-Calais, etc.; des *taillanderies*, à Noyen, au Grand-Lucé, etc.; des *tanneries*, à la Flèche, Fresné-sur-Sarthe, au Lude, à Mamers, au Mans, à la Suze, etc.; une fabrique de *wagons*, au Mans; et enfin des fabriques de *vitraux peints*, au Mans et à Mayet.

Les établissements industriels de la Sarthe comprennent ensemble 256 machines à vapeur ayant une force totale de 2,480 chevaux.

XII. — Commerce, chemins de fer, routes.

La Sarthe *exporte* du froment, de l'orge, des moutons, des chevaux, des porcs, des bœufs, des volailles, des œufs, des conserves alimentaires, des plumes d'oie, de la graine de trèfle, de l'huile de noix, de chènevis, des toiles, des étoffes de laine, des peaux, des bois et généralement tous les produits de son industrie agricole et manufacturière.

Il *importe* des vins, eaux-de-vie, alcools, liqueurs, des denrées coloniales, des savons, des huiles, des épices, du sel, du sucre, des fruits secs du Midi, des articles de mode, de nouveautés, de librairie, d'horlogerie, de bijouterie, d'ameublement, des articles de Paris, de la verrerie, de la porcelaine et environ 1,260,000 quintaux métriques de houille provenant des bassins du Maine, de Valenciennes, de Commentry, d'Angleterre et de Belgique.

Le département de la Sarthe est traversé par 18 chemins de fer ou tramways à vapeur, d'un développement total de 692 kil.

1° Le chemin de fer *de Paris à Brest* entre dans le départ. à 1 kil. au-dessous de la station du Theil, dessert les stations de la Ferté-Bernard, Sceaux, Connerré-Beillé, Pont-de-Gennes, Saint-Mars-la-Brière, Yvré-l'Évêque, du Mans, de la Milesse, Domfront, Conlie, Crissé, Sillé-le-Guillaume, Rouessé-Vassé et, 3 kil. au delà de cette station, il passe dans la Mayenne, après un parcours de 95 kil. dans le départ. de la Sarthe.

2° Le chemin de fer *du Mans à Nantes* dessert les stations de Voivres, la Suze, Noyen, Avoise, Juigné-sur-Sarthe, Sablé, Pincé-Précigné et, 4 kil. plus loin, passe dans Maine-et-Loire, après un parcours de 57 kil. dans la Sarthe.

3° Le chemin de fer *du Mans à Caen* dessert Neuville, la Guierche, Montbizot, Maresché, Vivoin-Beaumont, Piacé-Saint-Germain, la Hutte-Coulombiers, Bourg-le-Roi et, 8 kil. plus loin, passe dans l'Orne, après un parcours de 48 kil. dans le départ. de la Sarthe.

4° Le chemin de fer *de Sablé à Château-Gontier* quitte la ligne du Mans à Angers à 2 kil. de Sablé, et passe dans la Mayenne après un parcours de 2 kil. seulement dans la Sarthe.

5° Le chemin de fer *de Tours au Mans* entre dans le départ. à 4 kil. 1/2 au delà de la station de Saint-Paterne, dessert Dissay-sous-Courcillon, Château-du-Loir, Vaas, Aubigné, Mayet, Écommoy, Laigné-Saint-Gervais, Arnage et le Mans. Parcours, 56 kil.

6° Le chemin de fer *d'Aubigné à Sablé* dessert la Chapelle-aux-Choux, le Lude Luché-Pringé, Thorée, la Flèche, Verron, Crosmière-le-Bailleul, la Chapelle-du-Chêne et Sablé. Longueur, 67 kil.

7° Le chemin de fer *de la Flèche à la Suze*, se détachant au delà de Verron de la ligne de Sablé, dessert les stations de Villaines, Malicorne, Mézeray et la Suze. Parcours, 22 kil.

8° Le chemin de fer *de Mamers à Saint-Calais par Connerré*, dessert Saint-Remy-des-Monts, Moncé-en-Saosnois, Marolles-les-Braults, Saint-Aignan, Janzé, Bonnétable, Prévelles, Tuffé, Connerré, Connerré-Ville, Thorigné, Saint-Michel-de-Chavaignes, Bouloire, Coudrecieux, Montaillé et Saint-Calais. Parcours, 77 kil.

9° Le chemin de fer *de Château-du-Loir à Saint-Calais* (45 kil.) se détache de la ligne de Tours au Mans, à Château-du-Loir, dessert Marçon-Vouvray, Chahaignes, la Chartre, Ruillé-Poncé, le Pont-de-Braye, le Gué-Richard, Bessé, la Chapelle-Huon, St-Gervais-de-Vic et St-Calais.

10° Le chemin de fer *de Mamers à Sillé-le-Guillaume* dessert les stations de Villaines-Vezot, Saint-Remy-du-Plain, des Mées, de Chérancé, coupe à la Hutte-Coulombiers la ligne du Mans à Mézidon, passe à Fresnay-sur-Sarthe, Saint-Christophe, Segrie-Vernie, Pézé-le-Robert et rejoint à Sillé-le-Guillaume la ligne de Paris à Brest. Parcours, 49 kil.

11° Le chemin de fer *de Sillé-le-Guillaume à Sablé* (46 kil.) a pour stations Parennes, Neuvillette, Chemiré-en-Charnie, Joué-en-Charnie, Loué, Mareil, Brûlon, Avessé, Poillé, Asnières et Juigné-sur-Sarthe, où il rejoint la ligne de Nantes (*V.* ci-dessus, 2°).

12° Le chemin de fer *de Mamers à Mortagne* (2 kil. dans la Sarthe) est le prolongement de la ligne précédente.

13° Le chemin de fer *de Pont-de-Braye à Vendôme*, après 1 kil. de parcours dans la Sarthe, passe dans Loir-et-Cher.

14° Le chemin de fer *de la Flèche à Angers* dessert Bazouges, puis entre en Maine-et-Loire. Parcours, 12 kil.

15° Le chemin de fer *de la Flèche à Saumur* n'a que 5 kil. dans la Sarthe, où il ne dessert aucune station.

16° Le chemin de fer *de Château-du-Loir à Saumur* dessert Saint-Aubin et Chenu, puis entre en Maine-et-Loire. Parcours, 14 kil.

17° Le tramway *du Mans à la Chartre* a un parcours de 48 kil.

18° Celui *du Mans à Saint-Denis-d'Orques* est long de 46 kil.

Les voies de communication comptent 7,961 kil., savoir :

18 chemins de fer.	692 kil.
Routes nationales.	402 1/2
Routes départementales.	588
Chemins vicinaux de grande communication.	862
— d'intérêt commun.	1,675 1/2
— ordinaires.	3,584
2 rivières navigables.	159

XIII. — Dictionnaire des communes.

Les chiffres de la population sont ceux du dernier recensement (1886).

Aigné, 742 h., 5ᵉ c. du Mans.

Aillières, 210 h., c. de la Fresnaye.

Allonnes, 874 h., 2ᵉ c. du Mans. ➻ Église du xiᵉ s.

Amné, 624 h., c. de Loué.

Ancinnes, 882 h., c. de St-Paterne.

Arçonnay, 522 h., c. de Saint-Paterne. ➻ Château ruiné de Maleffre.

Ardenay, 362 h., c. de Montfort.

Arnage, 867 h., 1ᵉʳ c. du Mans.

Arthezé, 406 h., c. de Malicorne. ➻ Tombelles.

Asnières, 579 h., c. de Sablé. ➻ Église des xiiᵉ et xiiiᵉ s. — Vieux château de la Cour-d'Asnières.

Assé-le-Boisne, 1,354 h., c. de Fresnay. ➻ Église du xiᵉ ou du xiiᵉ s.; beaux vitraux. — Tombelle.

Assé-le-Riboul, 1,041 h., c. de Beaumont-sur-Sarthe. ➻ Château ruiné du xiᵉ s.

Aubigné, 2,207 h., c. de Mayet. ➻ Église du xiiᵉ et du xviᵉ s. — Maison remarquable de la Renaissance. — Près du château de Bossé, 2 dolmens.

Aulaines, 509 h., c. de Bonnétable.

Aulneaux (Les), 323 h., c. de la Fresnaye.

Auvers-le-Hamon, 1,750 h., c. de Sablé. ➻ Château ruiné de Montfrou. — Les *Cahuvières*, roc abrupt haut de 50 mèt.

Auvers-sous-Montfaucon, 294 h., c. de Loué. ➻ Maisons anciennes. — Restes du château de Montfaucon (ferme). — Église du xᵉ s.

Avesnes, 552 h., c. de Marolles-les-Braults. ➻ Château des xvᵉ et xviᵉ s. — Retranchements de la fin du xiᵉ s.

Avessé, 760 h., c. de Brûlon. ➻ Église romane du château de Noyeaux.

Avezé, 944 h., c. de la Ferté-Bernard. ➻ Église du xiiᵉ ou du xiiiᵉ s.

Avoise, 942 h., c. de Sablé. ➻ Manoir dit la Perrine-de-Cry. — Château de Pescheseul, reconstruit au commenc. du siècle dans le style de la Renaissance italienne (bustes de Louis XV et de Mme de Pompadour, par Coustou).

Bailleul (Le), 1,044 h., c. de Malicorne. ➻ Église du xiᵉ s.

Ballon, 1,681 h., ch.-l. de c., arr. du Mans. ➻ Ruines d'un château du xvᵉ s.; beau donjon à tourelle.

Bazoge (La), 1,643 h., 5ᵉ c. du Mans.

Bazouges, 1,585 h., c. de la Flèche. ➻ Église (mon. hist. [1]) du xiiᵉ s.; voûte en bois avec peintures du xvᵉ s. — Château des xvᵉ et xviiᵉ s.

Beaufay, 1767 h., c. de Ballon.

Beaumont-la-Chartre, 702 h., c. de la Chartre.

Beaumont-Pied-de-Bœuf, 882 h., c. de Château-du-Loir. ➻ Château ruiné. — Église; portail roman.

Beaumont-sur-Sarthe, 1,908 h., ch.-l. de c., arr. de Mamers. ➻ Ruines d'un château du xᵉ s. (prison). — Église du xiᵉ s., remaniée. — « La Motte à Madame », tombelle transformée en promenade. — Beau pont suspendu sur la Sarthe.

Beauvoir, 244 h., c. de la Fresnaye.

Beillé, 586 h., c. de Tuffé.

Berfay, 619 h., c. de Vibraye.

Bernay, 656 h., c. de Conlie.

Bérus, 357 h., c. de Saint-Paterne.

Bessé, 2,482 h., c. de Saint-Calais. ➻ Beau château de Courtanvaux, des xvᵉ s. et suivants.

Béthon, 254 h., c. de St-Paterne.

Blèves, 213 h., c. de la Fresnaye. ➻ Église : sculptures romanes au portail.

Boessé-le-Sec, 699 h., c. de Tuffé.

Bonnétable, 4,440 h., ch.-l. de c., arr. de Mamers. ➻ Château de 1478; aile S. du xviiᵉ s.; 6 grosses tours; salles avec sculptures en bois; portraits des seigneurs de Bonnétable.

1. On appelle *monuments historiques* les édifices reconnus officiellement comme présentant de l'intérêt au point de vue de l'histoire de l'art, et susceptibles pour cette raison d'être subventionnés par l'État.

Bosse (La), 420 h., c. de Tuffé.

Bouer, 582 h., c. de Tuffé. ⤳ Ancien château.

Bouloire, 2,111 h., ch.-l. de c., arr. de Saint-Calais. ⤳ Château du xvi° s. (hôtel de ville, justice de paix et halle).

Bourg-le-Roi, 412 h., c. de Saint-Paterne. ⤳ Ruines importantes d'une forteresse de 1100. — Butte factice haute de 30 à 40 mèt.

Bousse, 762 h., c. de Malicorne.

Brains, 798 h., c. de Loué. ⤳ Ancien manoir des Touches. — Ancien prieuré (presbytère).

Breil (Le), 1,658 h., c. de Montfort. ⤳ Fontaine intermittente de la Héalerie.

Brette, 1,135 h., c. d'Écommoy.

Briosne, 407 h., c. de Bonnétable.

Bruère (La), 371 h., c. du Lude. ⤳ Verrières de l'église.

Brûlon, 1,619 h., ch.-l. de c., arr. de la Flèche. ⤳ Château ruiné.

Cerans-Foulletourte, 2,209 h., c. de Pontvallain. ⤳ Dolmen et peulven sur la lande de Bruon. — Scories provenant de forges romaines.

Chahaignes, 1,350 h., c. de la Chartre. ⤳ Église romane.

Challes, 1,098 h., 5° c. du Mans.

Champagné, 709 h., c. de Montfort. ⤳ Beaux vitraux de l'église.

Champaissant, 518 h., c. de Mamers.

Champfleur, 551 h., c. de Saint-Paterne.

Champrond, 191 h., c. de Montmirail.

Changé, 2,425 h., 3° c. du Mans. ⤳ A 4 kil., manoir de la Busardière, en partie du xiii° s.; belles avenues.

Chantenay, 1,184 h., c. de Brûlon.

Chapelle-aux-Choux (La), 510 h., c. du Lude.

Chapelle-d'Aligné (La), 1,572 h., c de la Flèche.

Chapelle-du-Bois (La), 830 h., c. de la Ferté-Bernard.

Chapelle-Gaugain (La), 614 h., c. de la Chartre.

Chapelle-Huon (La), 736 h., c. de Saint-Calais.

Chapelle-Saint-Aubin (La), 526 h., 2° c. du Mans. ⤳ Église du xiii° s.; stalles, bénitiers et fonts baptismaux en pierre, très anciens.

Chapelle-Saint-Fray (La), 381 h., c. de Conlie. ⤳ Ruines du château de l'Essard.

Chapelle-St-Rémy (La), 1005 h., c. de Tuffé. ⤳ 2 châteaux ruinés.

Chartre (La), 1,615 h., ch.-l. de c., arr. de St-Calais. ⤳ Ruines d'un château. — Église de transition. — Habitations creusées dans la colline.

Chassé, 173 h., c. de la Fresnaye. ⤳ Manoir de Brustel.

Chassillé, 449 h., c. de Loué.

Château-du-Loir, 3,611 h., ch.-l. de c, arr. de St-Calais. ⤳ Église St-Guingalois, ancien prieuré de Marmoutier; vitraux anciens, chœur et crypte du xi° s. — Vestiges d'un château. — Hôtel-Dieu du xvii° s. — Vastes halles. — Collège, gendarmerie et théâtre dans l'ancien couvent des Récollets. — Ancienne maison (escalier du xvi° s.).

Château-l'Hermitage, 180 h., c. de Pontvallain. ⤳ Église du xii° s.; curieux tombeau du xv° s. — Ancienne maison prieurale.

Chauffour, 617 h., 3° c. du Mans.

Chemiré-en-Charnie, 635 h., c. de Loué. ⤳ Restes de l'abbaye d'Étival.

Chemiré-le-Gaudin, 1,205 h., c. de la Suze. ⤳ Église romane; pierre tombale de Pierre Courthady, chancelier de François Ier. — Ruines du château de la Belle-Fille. — Plusieurs ruisseaux disparaissent sous terre et reparaissent plusieurs fois.

Chenay, 96 h., c. de la Fresnaye. ⤳ Ancien manoir.

Chenu, 1,055 h., c. du Lude. ⤳ Église romane (Adoration des Mages attribuée à Mignard).

Chérancé, 635 h., c. de Beaumont-sur-Sarthe. ⤳ Église du xv° s. — Ruines du château de Livet.

Chérisay, 519 h., c. de St-Paterne.

Cherreau, 954 h., c. de la Ferté-Bernard. ⤳ Église du xv° s.; porte de l'O., curieuse par sa sculpture; bel autel en marbre; vitraux. — Château de la Pélice.

Chevain (Le), 258 h., c. de St-Paterne. ⤳ Vieux château de Cohon.

Chevillé, 724 h., c. de Brûlon. ⟶ Église du xiᵉ s.

Clermont, 1,103 h., c. de la Flèche. ⟶ Château du Créans (Renaissance).

Cogners, 536 h., c. de Saint-Calais.

Commerveil, 275 h., c. de Mamers.

Conflans, 751 h., c. de St-Calais.

Congé-sur-Orne, 675 h., c. de Marolles-les-Braults.

Conlie, 1,667 h., ch.-l. de c., arr. du Mans. ⟶ Signal de la Jaunelière. — Beau château de Sourches.

Connerré, 2,360 h., c. de Montfort. ⟶ Église romane de Saint-Jacques; clocher du xviᵉ s. — Presbytère (ancien prieuré). — Restes de fortifications. — Beau dolmen.

Contilly, 350 h., c. de Mamers. ⟶ Camp antique appelé « Butte de Nue ». — Découverte de tombeaux mérovingiens.

Contres, 462 h., c. de Mamers.

Cormes, 765 h., c. de la Ferté-Bernard. ⟶ Église du xvᵉ s.; stalles sculptées.

Coudrecieux, 1,450 h., c. de Bouloire. ⟶ Église romane. — Ancien château (verrerie).

Coulaines, 661 h., 1ᵉʳ c. du Mans. ⟶ Église du xiᵉ s.

Coulans, 1,519 h., c. de Loué.

Coulombiers, 805 h., c. de Beaumont. ⟶ Église romane et gothique.

Coulongé, 835 h., c. de Mayet. ⟶ Église du xiᵉ ou du xiiᵉ s. (grisaille du xiiiᵉ s.). — Château des Aiguebelles.

Courcebœufs, 902 h., c. de Ballon. ⟶ Château ruiné de Baigneux.

Courcelles, 752 h., c. de Malicorne. ⟶ Beau château du xviiᵉ s., en partie démoli.

Courcemont, 1,328 h., c. de Ballon. ⟶ Ancien manoir de la Davière.

Courcival, 290 h., c. de Bonnétable. ⟶ Château du xviᵉ s.

Courdemanche, 1,523 h., c. du Grand-Lucé. ⟶ Anciens vitraux de la chapelle du collège, construit au xviᵉ s.

Courgains, 971 h., c. de Marolles.

Courgenard, 702 h., c. de Montmirail. ⟶ Église du xiiᵉ s.

Courtillers, 184 h., c. de Sablé.

Crannes-en-Champagne, 665 h.,

c. de Loué. ⟶ Belle église ogivale. — Château de Mirail, ancien prieuré, reconstruit au xviᵉ s.

Cré, 902 h., c. de la Flèche. ⟶ Église du xiᵉ s. — Camp romain.

Crissé, 1,063 h., c. de Sillé-le-Guillaume. ⟶ Église du xiiᵉ s.; dans le chœur, colonne romaine.

Crosmières, 1,015 h., c. de la Flèche. ⟶ Église ogivale.

Cures, 546 h., c. de Conlie.

Dangeul, 861 h., c. de Marolles

Degré, 456 h., c. de Conlie. ⟶ Église; bas-reliefs curieux de la porte de l'O. — Restes du château de Bignon.

Dehault, 430 h., c. de la Ferté-Bernard. ⟶ Église ogivale. — Château ruiné.

Dissay-sous-Courcillon, 1,375 h., c. de Château-du-Loir. ⟶ Château ruiné; 4 grosses tours. — Deux peulvens et un dolmen.

Dissé-sous-Ballon, 285 h., c. de Marolles-les-Braults.

Dissé-sous-le-Lude, 862 h., c. du Lude. ⟶ Église du xiiᵉ s. — La Grand-Maison, ancien temple calviniste (xviiᵉ s.). — Menhir et dolmen.

Dollon, 1,933 h., c. de Vibraye.

Domfront, 1,107 h., c. de Conlie. ⟶ Butte du Grangagné, haute de 30 m.

Doucelles, 305 h., c. de Beaumont-sur-Sarthe. ⟶ Tombeau avec statue, dans l'église.

Douillet, 875 h., c. de Fresnay.

Duneau, 628 h., c. de Tuffé. ⟶ Menhir de la Pierre-Fiche (mon. hist.), haut d'env. 5 mèt. — Dolmen de la Pierre-Couverte (mon. hist.).

Dureil, 169 h., c. de Malicorne.

Écommoy, 3,709 h., ch.-l. de c. de l'arrond. du Mans.

Écorpain, 523 h., c. de Saint-Calais.

Épineu-le-Chevreuil, 698 h., c. de Loué. ⟶ Église ogivale (beau chœur). — Château de la Cour (xvᵉ s.).

Étival, 663 h., c. de la Suze.

Évaillé, 637 h., c. de Saint-Calais. ⟶ Église romane.

Fatines, 310 h., c. de Montfort. ⟶ Église du xiᵉ ou du xiiᵉ s.

Fay, 587 h., 5ᵉ c. du Mans. ⟶ Église du xiiiᵉ s. — Château du Broussin (Renaissance).

Fercé, 400 h., c. de Brûlon.

Ferté-Bernard (La), 5.688 h., ch.-l. de c., arr. de Mamers, sur l'Huisne. ➥ L'église N.-D.-des-Marais (mon. hist.), des xvᵉ et xviᵉ s., est un précieux spécimen du style gothique flamboyant. A l'extérieur, les galeries basses et la façade du collatéral S., couvertes de sculptures, ont été terminées en 1540. Ces galeries sont en partie décorées de statuettes figurant le roi de France et ses pairs, sept planètes, etc. Le reste de la balustrade est découpé de manière à reproduire le *Regina cœli*. Les galeries hautes du chœur (fin du xviᵉ s.) forment l'*Ave Regina cœlorum*. Belles verrières (1498-1606). Les voûtes des chapelles absidales (dans la 1ᵉ chap., bas-reliefs symbolisant la Vierge) offrent une disposition admirable et unique : ce sont de vrais plafonds horizontaux sculptés en médaillons et reliés aux

Église de la Ferté-Bernard.

nervures qui les soutiennent par d'élégantes arcatures à colonnettes. Dans le bas-côté g., crédence du temps de Louis XII. Beau cul-de-lampe (1501) supportant l'orgue. — L'hôtel de ville (mon. hist.) occupe une porte (xvᵉ s.) flanquée de deux tours, reste des fortifications; il renferme le portrait équestre d'une dame de Villars. — Halles remarquables par leurs belles charpentes (1535); au 1ᵉʳ étage, belle cheminée de la Renaissance. — Sur la place de l'église, fontaine du xviiᵉ s., alimentée par un aqueduc du xvᵉ. — Hôtel-Dieu (xviiiᵉ s.). — Maisons de différentes époques; l'une d'elles (xvᵉ s.), dans la rue Notre-Dame, est décorée de personnages grotesques. — Vestiges de remparts.

Fillé, 580 h., c. de la Suze. ➥ Dolmen et menhir. — Château de Gros-Chenay (xviiᵉ s.). — Manoir de la Beunèche.

Flèche (La), 9.841 h., ch.-l. d'arrond., sur le Loir. ➥ L'église Saint-Thomas (xiᵉ, xiiᵉ et xviiᵉ s.) a été complétée de nos jours. — Le collège, fondé par Henri IV en 1607 pour les Jésuites, et devenu école royale militaire en 1764, porte le nom de *Prytanée national*. Il se compose de cinq corps de bâtiments qu'entoure un parc magnifique et que dominent deux tours, l'une dite tour de Pierre, couronnée par un dôme; l'autre, dite tour de Bois, terminée par des lanternes à jour superposées. La statue du fondateur s'élève dans un vestibule. La chapelle est fort remarquable. La salle des Actes est décorée d'une peinture magistrale (Henri IV couronné par la Victoire). — Sur la place Henri IV, *statue* en bronze *d'Henri IV*, par Beunassieux. — Un autre monument (statue de la Ville dans l'attitude de la douleur) a été élevé à la mémoire d'un ancien maire de la Flèche, François-Théodore Latouche. — Beau *pont des Carmes*. — Belle *promenade du Mail*. — *Quai* planté d'ar-

Porte féodale, à la Ferté-Bernard.

bres magnifiques. — A 1 kil., petit *manoir de l'Arthuisière*, restauré.

Flée, 929 h., c. de Château-du-Loir. ⟶ Église du XIIIe s. — Château ruiné de Sainte-Cécile. — Château de Thibergeau (XVe s.).

Fontaine-Saint-Martin (La), 705 h., c. de Pontvallain. ⟶ Source entourée d'une colonnade en marbre.

Fontenay, 552 h., c. de Brûlon. ⟶ Château; chapelle ogivale. — Ancien manoir de Grand-Villiers.

Fresnay, 2,934 h., ch.-l. de c., arr.

de Mamers, sur la Sarthe. ⟶ Église du XIIe s. (belle porte). — Débris du château; porte flanquée de 2 tours rondes; chapelle souterraine du XIIIe s. — Deux maisons du XIIIe s. — Restes du prieuré de Saint-Léonard (XVe s.). — Ruines de l'enceinte.

Fresnaye (La), 1,223 h., ch.-l. de c. de l'arrond. de Mamers. ⟶ Église du XIIe s.; portes remarquables.

Fyé, 1,402 h., c. de St-Paterne. ⟶ Belle église moderne, de style roman.

Gastines, 517 h., c. de Sablé.

Gesne-le-Gandelin, 1,118 h., c. de Saint-Paterne. ⟶ Église des XIIe et XVe s.

Granchamp, 540 h., c. de Saint-Paterne. ⟶ Vieux château.

Grand-Lucé (Le), 2.122 h., ch.-l. de c. de l'arrond. de Saint-Calais. ⟶ Église du XVe s.; clefs de voûte sculptées. — Château (beau parc) du XVIIIe s.

Gréez (Le), 465 h., c. de Sillé.

Gréez-sur-Roc. 1,264 h., c. de Montmirail. ⟶ Église, XIIe et XVIe s.

Chapelle, à l'église de la Ferté-Bernard.

Guécélard, 563 h., c. de la Suze.

Guierche (La). 603 h., c. de Ballon.

Homme (L'), 908 h., c. de la Chartre. ⟶ Beau dolmen. — Tombelle de Mont-Joie.

Jauzé, 266 h., c. de Bonnétable. ⟶ Bel if dans le cimetière.

Joué-en-Charnie, 1,071 h., c. de Loué. ⟶ Presbytère (ancien prieuré).

Joué-l'Abbé, 559 h., c. de Ballon. ⟶ Ferme-école de la Chauvinière.

Jaigné-sur-Sarthe. 1,362 h., c. de Sablé. ⟶ Beau château du XVIIe s. (belle galerie de portraits). — Château de Verdelle (belle cheminée.

Juillé, 405 h., c. de Beaumont.

Jupilles, 1,579 h., c. de Château-du-Loir.

Laigné-en-Belin, 1,305 h., c. d'Écommoy. »»—→ Église gothique du xiiie s.

Lamnay, 1,101 h., c. de Montmirail.

Lavardin, 454 h., c. de Conlie. »»→ Église du xie s.

Lavaré, 1,252 h., c. de Vibraye. »»→ Église du xiie s.; beau portail.

Lavenay, 464 h., c. de la Chartre. »»→ Beau château de la Flotte.

Lavernat, 697 h., c. de Mayet.

Lignières-la-Carelle, 228 h., c. de la Fresnaye.

Ligron, 730 h., c. de Malicorne. »»→ Monument mégalithique.

Livet, 171 h., c. de Saint-Paterne.

Lombron, 1,581 h., c. de Montfort. »»→ Église du xive s. — Restes du prieuré de Brestelau. — Château de Loresse (xviie s.).

Longnes, 316 h., c. de Loué. »»—→ Église romane; belle porte du S.

Louailles, 393 h., c. de Sablé.

Loué, 1,855 h., ch.-l. de c. de l'arrond. du Mans. »»→ Château de Coulaines (xve s.).

Louplande, 900 h., c. de la Suze.

Louvigny, 473 h., c. de Mamers. »»—→ Église romane. — Château du xvie s.

Louzes, 280 h., c. de la Fresnaye. »»—→ Château de la Tournerie, du xvie s.

Luart (Le), 901 h., c. de Tuffé. »»—→ Beau château.

Lucé-sous-Ballon, 315 h., c. de Marolles-les-Braults.

Luceau, 811 h., c. de Château-du-Loir.

Luché-Pringé, 2,242 h., c. du Lude. »»→ Église romane (xiie et xvie s.). — Château de Clermont-Gallerande (xvie s.).

Lude (Le), 3,917 h., ch.-l. de c., arr. de la Flèche. »»—→ Beau château de M. le marquis de Talhouët, en partie de la Renaissance, agrandi au xviiie s.; magnifique ameublement moderne exécuté sur les dessins de M. Delarue, architecte, qui a bâti la tour du N. et construit la belle galerie conduisant aux appartements de réception, ainsi qu'un escalier monumental. — Église romane. — Ancien couvent des Récollets (gendarmerie). — Bel hôtel de ville. — Hôpital du xviiie s.

Maigné, 596 h., c. de Brûlon.

Maisoncelles, 415 h., c. de Bouloire.

Malicorne, 1,527 h., ch.-l. de c., arr. de la Flèche. »»—→ Château du xviiie s.; beau parc. — Église du xiie s.

Mamers, 6,478 h., ch.-l. d'arrond., sur la Dive. »»—→ *Église Notre-Dame*, bel édifice ogival du xve s., restaurée de 1831 à 1864. — *Église Saint-Nicolas*, (xiiie-xviie s.). — Dans l'ancien *couvent de la Visitation* ont été réunis la *mairie*, la *bibliothèque* (4,000 volumes), une *collection géologique*, le *collège*, l'*école supérieure*, la *prison*, la *sous-préfecture*, le *tribunal de commerce* et la *gendarmerie*. — Le *tribunal* est un édifice moderne du style de la Renaissance.

Mans (Le), 57,591 h., ch.-l. du département, est divisé en deux parties inégales par la Sarthe, que traversent trois grands ponts de pierre. La vieille ville, bâtie sur une colline, a conservé ses habitations du moyen âge. »»—→ La *cathédrale Saint-Julien* (mon. hist.), rebâtie à la fin du xie s., se compose de trois nefs romanes voûtées en arêtes sur plan carré (les travées de la nef principale, voûtées au xiie s., en comprennent deux des collatéraux), d'un transsept voûté aussi au xiie s., reconstruit en grande partie au xve, et d'un magnifique et vaste chœur du xiiie s., l'un des plus remarquables de la France. Le portail O. est roman et assez curieux. Au S. de l'église, sous un porche en avant-corps, s'ouvre un autre portail (xiie s.) d'un grand intérêt au point de vue de la statuaire (statues des rois de Juda). L'austère simplicité de la nef contraste avec le luxe de décoration du chœur et de l'abside, autour desquels règnent extérieurement trois belles galeries. Les piliers qui reçoivent les arcs-boutants sont surmontés de pyramides et de pinacles fleuronnés. A l'extrémité du transsept méridional s'élève une belle tour carrée (xive, xve et xvie s.). A l'intérieur, le chœur présente les plus riches dispositions : composé en plan de trois larges travées et d'un rond-point à bas-côtés doubles, entouré de douze chapelles (une treizième, au S., est remplacée par la sacristie, du xiii° s.), il comprend en élévation un triforium sur le premier collatéral, et un second triforium sous les grandes fenêtres supérieures. Trois étages de magnifiques verrières, des xiii° et xiv° s., complètent la décoration du chœur. On remarque, en outre, dans l'intérieur de la cathédrale : des vitraux peints du xii° s., ornant les fenêtres de la nef; les chapiteaux de la nef, bizarrement sculptés; le retable du maître-autel et les boise-ries du chœur; les belles peintures (xiv° s.) de la chapelle du chevet; la porte de la sacristie, composée des débris du jubé (xvii° s.); la belle rose du transsept N. (xv° s.); le tombeau de la reine Bérengère, femme de Richard Cœur-de-Lion, tombeau transféré en 1821 de l'ancienne abbaye de l'Épau; un sépulcre modelé en terre cuite avant 1627 par Ch. Hoyau; le sarcophage et la statue en marbre blanc de Charles-IV d'Anjou, comte du Maine (xv° s.); le

Cheminée du château de Verdelle.

mausolée de Langey du Bellay, œuvre de Germain Pilon (?); enfin le tombeau de Mgr Bouvier, composé dans le style de la fin du xiii° s. La sacristie possède aussi un trésor et de curieuses tapisseries du xv° s., représentant les légendes des saints Julien, Gervais et Protais, patrons de la basilique. La sonnerie de la cathédrale, exécutée par MM. Bollée, fondeurs au Mans, compte cinq cloches, ornementées dans le style du xiii° s. La cathédrale occupe 5,000 mèt. environ de superficie et mesure, dans œuvre, 150 mèt. de longueur totale. A l'O. de la cathédrale est un peulven (mon. hist.) haut de 4 mèt. 55. — Le *palais épiscopal* est moderne (style de la Renaissance). — L'*église Notre-Dame de la Couture* (mon. hist.), ancienne chapelle de l'abbaye du même nom, date en partie du xii° et du xiii° s. (chœur, nef et transsept), en partie du xiv° s. (tours, chapelles, voûtes). Quelques parties du chœur datent même de l'année 996. Le portail (fin du xiii° s.) est décoré d'une belle sculpture représentant le Jugement

dernier et de remarquables statues d'A-
pôtres. Les chapiteaux romans des colonnes du chœur offrent des détails
curieux. Deaux tableaux de maîtres.
Sous le chœur s'étend une crypte du x°
ou du xi° s., où fut déposé le corps de
saint Bertrand, évêque du Mans (vi° s.) ;
le *suaire* de ce saint, étoffe très curieuse du vi° s., est déposé dans la
sacristie. — L'*église de Notre-Dame du
Pré* (mon. hist. du milieu du xi° s.) a
été restaurée et décorée intérieurement
de peintures murales (le Christ, les
Apôtres, légende de saint Julien), par
MM. Andrieux et Jaffard. Dans le bas-
côté de dr. on remarque un bas-relief
du xvi° s., représentant la translation des
reliques de saint Julien. Crypte intéressante du xi° s. — L'*église Saint-Benoît*
(xii° s.) possède les reliques de sainte
Scolastique et une copie du Poussin
(Notre-Dame de Pitié). — L'*église Saint-
Pavin* (xi° s.) renferme les fragments
d'un cercueil en pierre coquillière, que
l'on croit être celui du grand pa-
tron (vi° s.). — L'*église de la Visitation* date de 1737. — *Notre-Dame de
la Gare* (style du xiii° s.) a été construite
en 1864 dans le style roman fleuri. —
L'ancienne *église Saint-Pierre de la
Cour* (xii° et xiii° s.; mon. hist.) sert
d'école professionnelle; crypte du xiv°
s. (charmant escalier). — L'ancienne
église de la Mission (xii° s.) est englo-
bée dans le quartier d'artillerie.

L'*hôtel de ville* a été construit en
1757, sur l'emplacement de l'hôtel de
la Monnaie et du palais des comtes du
Maine, dont il rest un grand pan de
mur percé de fenêtres géminées et tri-
lobées du xii° s. — La *préfecture* occupe l'ancienne abbaye de la Couture
(1770), dont une partie est consacrée à
la *bibliothèque* (50,000 vol. imprimés
et 700 manuscrits) et au *musée*, qui
possède des collections d'histoire natu-
relle, d'antiquités (émail champlevé du
xii° s., présentant le portrait de Geof-
froy Plantagenet, comte d'Anjou et du
Maine), de vases, de statuettes et de tableaux (C. Vanloo, Téniers, Le Guide,
Franck, Léonard de Vinci, etc.). — Le
tribunal, la caserne de gendarmerie et
la prison sont installés dans l'ancien

monastère de la Visitation (xvii° s.).
— Nous signalerons en outre : le *lycée*,
autrefois collège des Oratoriens (xvii°
et xviii° s.); — le *séminaire*, installé
dans l'ancienne abbaye de Saint-Vincent
(bibliothèque de 16,000 vol.); — l'*hôpital général*; — l'*asile des aliénés*,
l'un des mieux situés et des plus considérables de la France; — le *théâtre*,
bâti de 1839 à 1842 (intérieur peint par
Cicéri), sur la promenade des Jacobins
et dont le rez-de-chaussée est occupé
par le *musée archéologique* (antiquités
gallo-romaines et mérovingiennes,
sculptures et armures du moyen-âge,
médaillier, etc.); — le *Grabatoire*
(1538-1542; mon. hist.), ancienne infir-
merie des chanoines; — l'ancienne *abbaye de l'Épau* (xv° s.), près de la route
de Paris, et dont il reste les ruines im-
posantes de l'église; — plusieurs *maisons* particulières, entre autres : celle
de Scarron, place Saint-Michel, 1; l'*hôtel* (1542) de la Société historique, place
du Château, 1; la *maison* (xv° s.) *de la
reine Bérengère* (mon. hist.), Grande-
Rue, 11; la *maison d'Adam et d'Ève*
(mon. hist.), Grande-Rue; et quelques
habitations des xv°, xvi° et xvii° s., dans
les rues des Chanoines, Dorée, Saint-
Honoré, etc.; — la *fontaine de Saint-
Julien* (bas-relief), sur la place de la
Poissonnerie; — la *place de la République*, où a été érigée en 1885 la *statue*
en bronze *de Chanzy*, par Crauk, avec
groupes de M. Aristide Croisy, au sou-
bassement; — la *promenade des Jacobins*, sur l'emplacement des anciens
couvents des Jacobins et des Cordeliers;
auprès est le *Jardin d'horticulture*;
— la *promenade du Greffier*, sur la
rive g. de la Sarthe, près de la *gare* du
chemin de fer, bel édifice d'ordre do-
rique, percé d'arcades à plein cintre et
couvert d'une belle charpente en fer;
— le *viaduc* du chemin de fer, construit en granit et en marbre (164
mèt. de longueur), etc.

Restes (dans plusieurs cours de la
vieille ville) des anciens *murs gallo-
romains* (mon. hist.) de la cité du
Mans, qui offrent des appareils en
feuilles de fougère, en losange et à
dents de scie, caractérisés par de petits

cubes bruns de grès ferrifère et de pierres calcaires blanches.

Mansigné, 2,074 h., c. de Pont-vallain. ⟫⟶ Église du XIIe s. — Dolmen.

Marçon, 1,726 h., c. de la Chartre. ⟫⟶ Église du XIe au XVIe s., décorée de sculptures remarquables. — Deux dolmens dans la lande des Moirons.

Mareil-en-Champagne, 597 h., c. de Brûlon. ⟫⟶ Château du Plessis. — Ruines d'un prieuré et du manoir de l'Isle.

Mareil-sur-Loir, 787 h., c. de la Flèche. ⟫⟶ Église ogivale. — Château de la Pilletière.

Maresché, 978 h., c. de Beaumont. ⟫⟶ Château de la Bussonnière.

Marigné, 2,005 h., c. d'Écommoy. ⟫⟶ Église; colonnes à chapiteaux sculptés; verrières du XVIe s. — Ancien château du Ronceray. — Restes du château de Haute-Perche.

Marolette, 226 h., c. de Mamers.

Marolles, 504 h., c. de Saint-Calais. ⟫⟶ Église du XIIIe au XVIe s.

Marolles-les-Braults, 2,215 h., ch.-

Maison dite le Grabatoire, au Mans.

l. de c., arr. de Mamers. ⟫⟶ Église romane, refaite aux XVe et XVIIIe s.

Mayet, 3,594 h., ch.-l. de c., arr. de la Flèche. ⟫⟶ Église Saint-Martin (nef et tour du XIIe s.; abside et chapelles des XIVe et XVIe s.), convertie en hôtel de ville et en halle.

Mées (Les), 285 h., c. de Mamers.

Melleray, 1,080 h., c. de Montmirail.

Meurcé, 512 h., c. de Marolles.

Mézeray, 1,742 h., c. de Malicorne.

Mézières-sous-Ballon, 947 h., c. de Marolles-les-Braults.

Mézières-sous-Lavardin, 811 h., c. de Conlie.

Milesse (La), 750 h., 3e c. du Mans.

Moitron, 570 h., c. de Fresnay. ⟫⟶ Restes d'une commanderie de Templiers.

Moncé-en-Belin, 951 h., c. d'Écommoy.

Moncé-en-Saosnois, 618 h., c. de Marolles. ⟫⟶ Église des XIIe et XVe s.

Monhoudou, 528 h., c. de Marolles. ⟫⟶ Ancien manoir de Congé.

Mont-Saint-Jean, 1,957 h., c. de Sillé. ⟫⟶ Dans l'église, des XIe et XVIe s., tombeau du marquis de Deux-Brézé.

Montabon, 456 h., c. de Château-du-Loir.

Montaillé, 947 h., c. de St-Calais.

Montbizot, 988 h., c. de Ballon.

Montfort, 915 h., ch.-l. de c., arr. du Mans. ⟿ Église moderne (fresques et vitraux). — Beau château, reconstruit en 1820; parc arrosé par l'Huisne.

Montigny, 92 h., c. de la Fresnaye.

Montmirail, 766 h., ch.-l. de c., arr. de Mamers. ⟿ Église ogivale (xiiᵉ s.); vitraux du xviᵉ s. — Château du xvᵉ s.; belle façade du S. avec tour ronde et haute tour octogonale; vastes et beaux souterrains; un premier étage offre deux rangs d'arcades ogivales de 10 mèt. de haut, formant une salle immense (50 mèt. sur 13), divisée aujourd'hui en deux par un mur; un escalier tournant descend au second étage (anciens cachots); 8 mèt. de haut; troisième étage, sur la tour principale du S. — De la colline de Montmirail, l'un des points culminants de la Sarthe, vue immense jusqu'au delà d'Alençon (60 kil.). — Anciennes portes de ville et restes des remparts.

Montreuil-le-Chétif, 873 h., c. de Fresnay.

Montreuil-le-Henri, 535 h., c. du Grand-Lucé. ⟿ Église du xiiiᵉ s.

Moulins-le-Carbonnel, 955 h., c. de Saint-Paterne.

Mulsanne, 694 h., c. d'Écommoy.

Nauvay, 125 h., c. de Marolles.

Neufchâtel, 1,551 h., c. de la Fresnaye. ⟿ Ruines de l'abbaye de Perseigne (xiiᵉ et xiiiᵉ s.).

Neuvillalais, 1,021 h., c. de Conlie. ⟿ Église des xiiᵉ et xviᵉ s. — Châteaux de Vignolles (ancien prieuré) et du Grand-Béchet.

Neuville-sur-Sarthe, 1,287 h., 1ᵉʳ c. du Mans.

Neuvillette, 774 h., c. de Sillé-le-Guillaume. ⟿ Dans l'église, du xiiiᵉ s., statue tombale dans un enfeu orné de peintures, aussi du xiiiᵉ s.

Neuvy-en-Champagne, 614 h., c. de Conlie. ⟿ Église romane. — Ruines des châteaux de Bures et de Souvré. — A Saint-Julien, église des xiᵉ, xviᵉ et xviiᵉ s.

Nogent-le-Bernard, 1,751 h., c. de Bonnétable. ⟿ Église du xiiᵉ s.; cha-piteaux à figures grotesques.—Peulven.

Nogent-sur-Loir, 492 h., c. de Château-du-Loir.

Nouans, 642 h., c. de Marolles.

Noyen, 2,461 h., c. de Malicorne. ⟿ Église des xviᵉ et xixᵉ s. — Pont en pierre sur la Sarthe. — Ancien manoir d'Aubigné. — Tombelle. — Fontaine intermittente du Châtelet.

Nuillé-le-Jalais, 504 h., c. de Montfort.

Oisseau (**Le Petit-**), 772 h., c. de Saint-Paterne. ⟿ Antiquités romaines, sur une étendue de 100 hectares.

Oizé, 775 h., c. de Pontvallain. ⟿ Église romane. — Chapelle romane du prieuré de St-Blaise. — Peulvens et dolmens, dans la lande des Soucis.

Panon, 82 h., c. de Mamers. ⟿ Église romane.

Parcé, 1,940 h., c. de Sablé. ⟿ Clocher du xiᵉ s. — Dans les grottes, nombreux fossiles.

Parennes, 961 h., c. de Sillé-le-Guillaume. ⟿ Église du xiiiᵉ s.

Parigné-l'Évêque, 3,205 h., 3ᵉ c. du Mans. ⟿ Église romane. — Lanterne des morts du xiiᵉ s. — Ancienne chapelle sépulcrale.

Parigné-le-Pôlin, 625 h., c. de la Suze. ⟿ Dolmen.

Pé (**Le**) ou **Notre-Dame-du-Pé**, 301 h., c. de Sablé.

Peray, 181 h., c. de Marolles. ⟿ Camp romain et tombelle.

Pezé-le-Robert, 808 h., c. de Sillé-le-Guillaume.

Piacé, 720 h., c. de Beaumont-sur-Sarthe. ⟿ Beau château du xviiᵉ s.

Pincé, 204 h., c. de Sablé.

Pirmil, 903 h., c. de Brûlon. ⟿ Église du xiiᵉ s. — Château de la Baluère, de la Renaissance.

Pizieux, 193 h., c. de Mamers. ⟿ Église de transition. — Curieuse porte d'entrée du presbytère.

Poillé, 884 h., c. de Brûlon. ⟿ Église du xiiᵉ s.; tableau estimé. — Cheminée sculptée de l'ancien prieuré. — Beau château de Verdelle (xviᵉ s.). — Motte féodale. — Deux peulvens.

Poncé, 689 h., c. de la Chartre. ⟿ Église du xiiᵉ s. — Château du xviᵉ s.

Pont-de-Gennes, 872 h., c. de Montfort. ➠→ Eglise du xii° s. — Pont du moyen âge.

Ponthouin. 203 h., c. de Marolles.

Pontvallain, 1,790 h., ch.-l. de c. de l'arrond. de la Flèche. ➠→ Obélisque de Croix-Brette, élevé en 1828 sur le lieu où Du Guesclin battit les Anglais en 1570.

Précigné, 2,625 h., c. de Sablé. ➠→ Eglise du xiii° s. ; vitraux. — Séminaire, ancien couvent de Saint-François ; chapelle des Anges, bel édifice moderne, du style ogival. — Curieuse et ancienne maison de Templiers. A la Pointelière, ancien temple protestant (grange), bâti sur des souterrains. — Ancienne chapelle de Saint-Ménelé.

Préval, 420 h., c. de la Ferté-Bernard.

Prévelles, 474 h., c. de Tuffé.

Pruillé-le-Chétif, 590 h., 2° c. du Mans.

Porte du château de Sablé.

Pruillé-l'Éguillé, 1,240 h., c. du Grand-Lucé. ➠→ Eglise romane.

Quinte (La), 519 h., c. de Conlie.

Rahay, 525 h., c. de Saint-Calais. ➠→ Eglise ogivale du xvi° s. — Vieux château restauré ; chapelle dans le style du xiii° s. — Motte féodale.

René. 888 h., c. de Marolles-les-Braults. ➠→ Ruines romaines.

Requeil, 979 h., c. de Pontvallain. ➠→ Eglise : beaux vitraux ; tableaux estimés ; porte romane du xii° s. ; chœur et chapelle du xvi° s. ; statue en bois (xiii° s.) de Notre-Dame des Vignes. — Beau château de Roche-de-Vaux. — Dolmen à la Minardière.

Roézé, 1,515 h., c. de la Suze. ➠→ Châteaux de la Grande-Fouilère et de la Beunèche. — Eglise romane.

Rouessé-Fontaine, 659 h., c. de Saint-Paterne. ➠→ Eglise du xi° et du xii° s. — Château de Brétel.

Rouessé-Vassé, 1,812 h., c. de Sillé-le-Guillaume. ➠→ Eglise du xii° s. — Ruines du château de Vassé.

Rouez, 1,741 h., c. de Sillé-le-Guillaume. ➺→ Ruines de l'abbaye de Champagne.

Rouillon, 642 h., 2ᵉ c. du Mans.

Roullée, 571 h., c. de la Fresnaye.

Rouperroux, 570 h., c. de Bonnétable.

Ruaudin, 805 h., 3ᵉ c. du Mans.

Ruillé-en-Champagne, 767 h., c. de Conlie.

Ruillé-sur-Loir, 1,598 h., c. de la Chartre. ➺→ Belle église ogivale moderne dans un couvent.

Sablé, 6,183 h., au confluent de l'Erve et de la Sarthe, ch.-l. de c. de l'arrond. de la Flèche. ➺→ Ruines considérables de l'ancienne forteresse. — Château bâti par Mansart pour Colbert en 1721; il est composé d'un corps de logis et de deux ailes flanquées chacune d'une tourelle. — Près de la ferme de la Tour, motte couronnée autrefois par un fort. — Église moderne, commencée en 1887. L'ancienne (xvᵉ s.) renferme quelques verrières (mon. hist.) d'un bel effet. — Ancienne église Saint-Martin, convertie en magasins.

Sables, 110 h., c. de Bonnétable.

Saint-Aignan, 724 h., c. de Marolles-les-Braults.

Saint-Aubin-de-Locquenay, 884 h., c. de Fresnay.

Saint-Aubin-des-Coudrais, 1,035 h., c. de la Ferté-Bernard.

Saint-Biez-en-Belin, 666 h., c. d'Écommoy.

Saint-Calais, 3,671 h., ch.-l. d'arr. ➺→ *Église* ogivale, des xvᵉ et xviᵉ s.; belle façade de la Renaissance; clocher haut de 58 mèt. — Ancienne *abbaye* renfermant l'hôtel de ville, la justice de paix, une salle de spectacle. — Belle *halle.* — Débris d'un *château* du xiᵉ s. — *Dolmen.*

Saint-Calez-en-Saosnois, 581 h., c. de Mamers.

Saint-Célerin, 815 h., c. de Montfort. ➺→ Maison de Bois-Doublet; peintures du xviᵉ s.

Sainte-Cerotte, 422 h., c. de Saint-Calais.

Saint-Christophe-du-Jambet, 601 h., c. de Beaumont-sur-Sarthe.

Saint-Christophe-en-Champagne, 366 h., c. de Brûlon.

Saint-Corneille, 771 h., c. de Montfort.

Saint-Cosme-de-Vair, 1,625 h., c. de Mamers.

Saint-Denis-des-Coudrais, 449 h., c. de Tuffé.

Saint-Denis-d'Orques, 1,888 h., c. de Loué. ➺→ Ruines de la Chartreuse du Parc (xiiiᵉ s.).

Saint-Georges-de-la-Couée, 611 h., c. du Grand-Lucé.

Saint-Georges-du-Bois, 537 h., 2ᵉ c. du Mans.

Saint-Georges-du-Rozay, 896 h., c. de Bonnétable. ➺→ Église du xiᵉ s.

Saint-Georges-le-Gaultier, 1,521 h., c. de Fresnay.

Saint-Germain-d'Arcé, 717 h., c. du Lude. ➺→ Peulven et dolmen. — Château de la Grande-Maison, ancien prieuré (Renaissance). — Château d'Hannon (façade et chapelle du xvᵉ s.).

Saint-Germain-de-la-Coudre, 803 h., c. de Beaumont-sur-Sarthe. ➺→ Église des xᵉ et xiᵉ s.

Saint-Germain-du-Val, 905 h., c. de la Flèche. ➺→ Château d'Yvandeau (salle creusée dans le roc).

Saint-Gervais-de-Vic, 561 h., c. de Saint-Calais. ➺→ Église des xiiᵉ et xviᵉ s. — Deux châteaux, l'un du xvᵉ s. et l'autre du xviᵉ.

Saint-Gervais-en-Belin, 662 h., c. d'Écommoy. ➺→ Château du Plessis, en partie construit par Richelieu.

Saint-Hilaire-de-Lierru, 251 h., c. de Tuffé.

Sainte-Jammes-sur-Sarthe, 825 h., c. de Ballon. ➺→ Restes de l'ancien château.

Saint-Jean-d'Assé, 1,713 h., c. de Ballon.

Saint-Jean-de-la-Motte, 1 594 h., c. de Pontvallain. ➺→ Jolie église du xiiiᵉ s., restaurée. — Peulven.

Saint-Jean-des-Échelles, 406 h., c. de Montmirail. ➺→ Église romane.

Saint-Jean-du-Bois, 509 h., c. de Malicorne.

Saint-Léonard-des-Bois, 1,406 h., c. de Fresnay. ➺→ Église du xiiiᵉ s. — Dolmen. — Grottes.

Saint-Longis, 360 h., c. de Mamers.

Abbaye de Solesmes.

Saint-Maixent, 1,365 h., c. de Montmirail.

Saint-Marceau, 662 h., c. de Beaumont. ⟶ Dans la chapelle Saint-Julien (xvie s.), 2 tableaux en émail et vitraux du xvie s.

Saint-Mars-de-Locquenay, 942 h., c. de Bouloire. ⟶ Dolmen et peulven.

Saint-Mars-d'Outillé, 1,962 h., c. d'Écommoy. ⟶ Belle croix grecque dans la chapelle de Sainte-Catherine (xve s.). — Restes d'un souterrain du château de Rochefort.

Saint-Mars-la-Brière, 1,278 h., c. de Montfort.

Saint-Mars-sous-Ballon, 1,201 h., c. de Ballon. ⟶ Belle église (mon. hist.) du xie s.

Saint-Martin-des-Monts, 251 h., c. de la Ferté-Bernard.

Saint - Michel - de - Chavaignes, 1,275 h., c. de Bouloire. ⟶ Ancien château de la Couture.

Sainte-Osmane, 412 h., c. de Saint-Calais.

Saint-Ouen-de-Mimbré, 756 h., c. de Fresnay. ⟶ Château du xviie s.

Saint-Ouen-en-Belin, 1,096 h., c. d'Écommoy. ⟶ Dans le chœur de l'église, pierre tombale du moyen âge.

Saint-Ouen-en-Champagne, 575 h., c. de Brûlon.

Saint-Paterne, 545 h., ch.-l. de c. arr. de Mamers. ⟶ Église romane. -- Château où a séjourné Henri IV.

Saint-Paul-le-Gaultier, 941 h., c. de Fresnay.

Saint-Pavace, 351 h., 1er c. du Mans.

Saint-Pierre-de-Chevillé, 667 h., c. de Château-du-Loir. ⟶ Château ruiné de la Ragotière.

Saint-Pierre-des-Bois, 372 h., c. de Brûlon.

Saint-Pierre-des-Ormes, 472 h., c. de Mamers.

Saint-Pierre-du-Lorouer, 633 h., c. du Grand-Lucé. ⟶ Ancien château de la Cour; sculptures du xve s.

Saint-Remy-de-Sillé, 1,059 h., c. de Sillé. ⟶ Église du xiie s. — Château ruiné de Gréguier. — Châteaux du Val-du-Pré et d'Oigny.

St-Remy-des-Monts, 817 h., c. de Mamers. ⟶ Église romane et du xvie s.

Saint-Remy-du-Plain, 729 h., c. de Mamers. ⟶ Élégante chapelle de Notre-Dame de Toute-Aide. — Château ruiné de Saint-Remy.

Saint-Rigomer-des-Bois, 585 h., c. de la Fresnaye. ⟶ Beau château de Courtilloles.

Sainte-Sabine, 644 h., c. de Conlie.

Saint-Saturnin, 521 h., 2e c. du Mans.

Saint-Symphorien, 925 h., c. de Conlie. ⟶ Église romane. — Beau château de Sourches.

Saint-Ulphace, 781 h., c. de Montmirail. ⟶ Beau château.

Saint-Victeur, 496 h., c. de Fresnay.

Saint-Vincent-des-Prés, 724 h., c. de Mamers.

Saint-Vincent-du-Lorouer, 1,362 h., c. du Grand-Lucé. ⟶ Église du xiiie s. (beaux vitraux).

Saosnes, 443 h., c. de Mamers. ⟶ Ruines d'un château fort.

Sarcé, 683 h., c. de Mayet. ⟶ Église romane du xiie s.; curieuses sculptures. — Château ruiné de Sarceau.

Sargé, 1,055 h., 1er c. du Mans. ⟶ Fontaine incrustante de Fontenelle. — Restes d'un aqueduc romain.

Savigné-l'Évêque, 2,319 h., 5e c. du Mans. ⟶ Église : stalles du chœur; groupe attribué à Germain Pilon; beau tableau par André de Pise.

Savigné-sous-le-Lude, 991 h., c. du Lude. ⟶ Église du xie au xve s. — Château du Bois-Pincé (sculptures de la Renaissance).

Sceaux, 608 h., c. de Tuffé. ⟶ Restes des fortifications. — Château des Roches, du xviiie s. — Église du xiiie s.

Ségrie, 1,222 h., c. de Beaumont. ⟶ Église de transition.

Semur, 851 h., c. de Vibraye.

Sillé-le-Guillaume, 3,285 h., ch.-l. de c. de l'arrond. du Mans. ⟶ Dolmen. — Les services publics sont établis dans les bâtiments, comparativement modernes, qui relient les ruines de l'ancien château (mon. hist.), l'un des plus remarquables de la province; quatre tours découronnées : énorme donjon cylindrique, à trois étages, haut de 38 mèt., large de 14, et dont les murs ont

L'Ensevelissement du Christ, à Solesmes.

3 mèt. 50 d'épaisseur. — Près du château s'élève l'église Notre-Dame; la partie la plus ancienne est le transsept S., à la base duquel s'ouvre une grande crypte du xiiᵉ s.; sous le porche O. (mon. hist.), joli portail du milieu ou de la fin du xiiiᵉ s. (au tympan, le Jugement dernier, remarquable sculpture). — L'hôpital est un couvent de Minimes (1623). — Maisons anciennes à sculptures bizarres. — Châteaux de Chaufour et de Belle-Fontaine. — A 3 kil., dans la forêt, ruines d'une forteresse.

Sillé-le-Philippe, 843 h., c. de Montfort. »»→ Église du xivᵉ s. — Château de Passai, du xviᵉ s.

Solesmes, 849 h., c. de Sablé. »»→ Le prieuré, fondé au xiiᵉ s., a été reconstruit en grande partie en 1725. L'église (mon. hist.), du xiiiᵉ s., en forme de croix latine, souvent remaniée, est surmontée d'une tour haute d'environ 40 mèt., romane à sa base, du xviᵉ s. aux étages supérieurs et terminée par un dôme élevé en 1751; les voûtes, du xvᵉ et du xviᵉ s., sont ornées de clefs historiées très curieuses; un autel, situé au-dessous du maître-autel et conforme aux autels primitifs des catacombes de Rome, renferme le corps de saint Léonce, martyr, trouvé sous la voie Tiburtine en 1852. Les vingt-quatre stalles du chœur sont des chefs-d'œuvre de sculpture du xviᵉ s. Les deux bras du transsept se terminent par des chapelles qui sont de véritables musées : elles offrent une série de sculptures, œuvres admirables d'artistes inconnus de la fin du xvᵉ s. (chapelle de dr.) et du xviᵉ s. (Renaissance). La chapelle de dr. est précédée d'un vaste portail du xviᵉ s. qui donne accès sous une voûte ogivale formant une espèce de grotte, à l'entrée de laquelle sont les statues mutilées de deux soldats, ainsi que celle de la Madeleine, et qui renferme une Mise au sépulcre, groupe en terre cuite de huit personnages, dont plusieurs en costume du xvᵉ s. Les figures sont d'une admirable expression, celle de la Madeleine surtout. « le joyau, la perle de ce monument, » statue célèbre dès le moyen âge par sa beauté, et que Ri-

chelieu voulait, dit-on, transporter à Paris. Au-dessus de cette composition, un élégant pendentif, qui descend de la voûte ogivale, est destiné à recevoir la relique de la sainte Épine, conservée, depuis le xiiᵉ s., dans le monastère de Solesmes. Un double arceau de branches et de feuillages qui surmonte le cintre extérieur du caveau offre un type merveilleux d'ornementation délicate. A dr. et à g. de la grotte s'élèvent deux pilastres chargés de riches arabesques et portant des inscriptions. La partie supérieure du portail est occupée par un Calvaire à nombreux personnages sculptés, d'un très beau travail. L'autel à colonnes qui remplit le fond de la chapelle, est une œuvre charmante de la Renaissance, décorée d'un bas-relief, remarquable malgré d'assez nombreuses mutilations et représentant le Massacre des Innocents. Au-dessus est une vieille madone (Notre-Dame de Pitié), objet d'une grande vénération; à dr. et à g. se voient deux statues des saints Pierre et Paul, fort bien sculptées. La chapelle de gauche, où sont prodiguées toutes les richesses d'ornementation imaginées par les artistes du xviᵉ s., renferme les grandes scènes de la Vie de la sainte Vierge, la Sépulture de la Vierge (quinze personnages dont trois mutilés), œuvre admirable; la Pàmoison de la Vierge (quatorze personnages), extrêmement belle aussi; l'Assomption de la Vierge (onze personnages), groupe inférieur aux deux premiers; Joseph et Marie trouvant Jésus au milieu des docteurs (dix personnages), groupe fort habilement disposé. Toutes ces compositions sont traitées d'une façon magistrale, et l'on peut dire que les sculptures de Solesmes forment une œuvre unique en France par la perfection de l'ensemble et le fini des détails. — La bibliothèque est très riche.

Sougé-le-Ganelon, 1,158 h., c. de Fresnay. »»→ Dolmen.

Souillé, 328 h., c. de Ballon.

Souligné-sous-Ballon, 1,121 h., c. de Ballon. »»→ Beau château de la Freslonnière (xviiiᵉ s.).

Souligné-sous-Vallon, 842 h., c. de la Suze.

Soulitré, 705 h., c. de Montfort.

Souvigné-sur-Même, 246 h., c. de la Ferté-Bernard. ⟫⟶ Église du xv⁰ s.

Souvigné-sur-Sarthe, 567 h., c. de Sablé. ⟫⟶ Église romane.

Spay, 722 h., c. de la Suze. ⟫⟶ Église du xiii⁰ s.

Surfonds, 565 h., c. de Montfort. ⟫⟶ Château ruiné du Coudray.

Suze (La), 2.559 h., ch.-l. de c. de l'arrond. du Mans. ⟫⟶ Château fort des xi⁰ et xv⁰ s.; église, ancienne chapelle castrale du xi⁰ s.; agrandie et défigurée. — Ruines d'un prieuré de Bénédictins. — Étang de Lestagnol; ruines d'un château du même nom.

Tassé, 501 h., c. de Brûlon.

La Suze, avant la restauration de l'église.

Tassillé, 212 h., c. de Loué.

Teillé, 758 h., c. de Ballon. ⟫⟶ Église du xiii⁰ s.

Teloché, 1,616 h., c. d'Écommoy.

Tennie, 1,618 h., c. de Conlie. ⟫⟶ Ruines et souterrains d'un château fort. — Église du xi⁰ s.

Terrehault, 254 h., c. de Bonnétable. ⟫⟶ Église romane.

Théligny, 670 h., c. de la Ferté-Bernard. ⟫⟶ Belle église ogivale des xv⁰ et xvi⁰ s.; sculpture du xviii⁰ s.

Thoiré-sous-Contensor, 243 h., c. de Tuffé.

Thoiré-sur-Dinan, 635 h., c. de Château-du-Loir. ⟫⟶ Peulven. — Église ogivale.

Thorée, 882 h., c. du Lude. ⟫⟶ Église romane.

Thorigné, 1555 h., c. de Bouloire.

Toigné, 584 h., c. de Marolles.

Torcé, 1,260 h., c. de Montfort. ⟫⟶ Dolmen. — Belle église; chapelles du xvᵉ s.; vitraux du xviᵉ s.; orgue donné par Louis XIII.

Trangé, 462 h., 3ᵉ c. du Mans.

Tresson, 1,095 h., c. de Bouloire. ⇒ Église des xiiᵉ et xviᵉ s.; vitraux.

Tronchet (Le), 221 h., c. de Beaumont. ⇒ Château du xviiiᵉ s.

Tuffé, 1,625 h., ch.-l. de c. de l'arrond. de Mamers. ⇒ Vieux manoir de Chéronne.

Vaas, 1,628 h., c. de Mayet. ⇒ Église (xiiiᵉ s.) d'une ancienne abbaye des Prémontrés. — Restes de fortifications. — Abbaye reconstruite au xviiiᵉ s. — Ruines d'un prieuré.

Val (Le), 72 h., c. de Mamers.

Valennes, 919 h., c. de Vibraye. ⇒ Château du xviiᵉ s.

Vallon, 1,110 h., c. de Loué. ⇒ Restes de quatre anciens châteaux.

Vancé, 788 h., c. de Saint-Calais.

Verneil-le-Chétif, 959 h., c. de Mayet. ⇒ Église du xviᵉ au xviiiᵉ s.

Vernie, 604 h., c. de Beaumont. ⇒ Fontaine incrustante de l'ancien château. — Église en partie romane.

Verron, 565 h., c. de la Flèche.

Vezot, 180 h., c. de Mamers. ⇒ Église du xiiiᵉ s.

Vibraye, 2,918 h., ch.-l. de c. de l'arrond. de Saint-Calais. ⇒ Belle église moderne.

Villaines-la-Carelle, 595 h., c. de Mamers.

Villaines-la-Gonais, 477 h., c. de la Ferté-Bernard. ⇒ Beau château de Beauchamp.

Villaines-sous-Lucé, 956 h., c. du Grand-Lucé. ⇒ Deux péulvens. — Église romane; retable du xivᵉ s.

Villaines-sous-Malicorne, 905 h., c. de Malicorne. ⇒ Trois mottes féodales.

Vion, 864 h., c. de Sablé. ⇒ Église romane. — Notre-Dame-du-Chêne, pèlerinage.

Vire, 599 h., c. de Brûlon. ⇒ Château du xvᵉ s.; curieuse chapelle.

Vivoin, 1,048 h., c. de Beaumont-sur-Sarthe. ⇒ Ruines d'un prieuré transformé en ferme; l'église (xiiiᵉ s.; mon. hist.), restaurée, possède de beaux vitraux; sculptures du chœur par Lebrun.

Voivres, 588 h., c. de la Suze.

Volnay, 1,111 h., c. de Bouloire.

Vouvray-sur-Huisne, 185 h., c. de Tuffé. ⇒ Dolmen.

Vouvray-sur-Loir, 770 h., c. de Château-du-Loir. ⇒ Monument mégalithique.

Yvré-l'Évêque, 2,205 h., 5ᵉ c. du Mans. ⇒ Ruines de l'abbaye de l'Épau, de 1229. — Sur le plateau d'Auvours, colonne en granit, élevée en commémoration de la bataille du Mans (1871).

Yvré-le-Pôlin, 1,281 h., c. de Pontvallain.

18 193.   Imprimerie A. Lahure, rue de Fleurus, 9, à Paris.

France par ADOLPHE JOANNE.

Les chiffres indiquent la hauteur en mètres au dessus du niveau de la mer

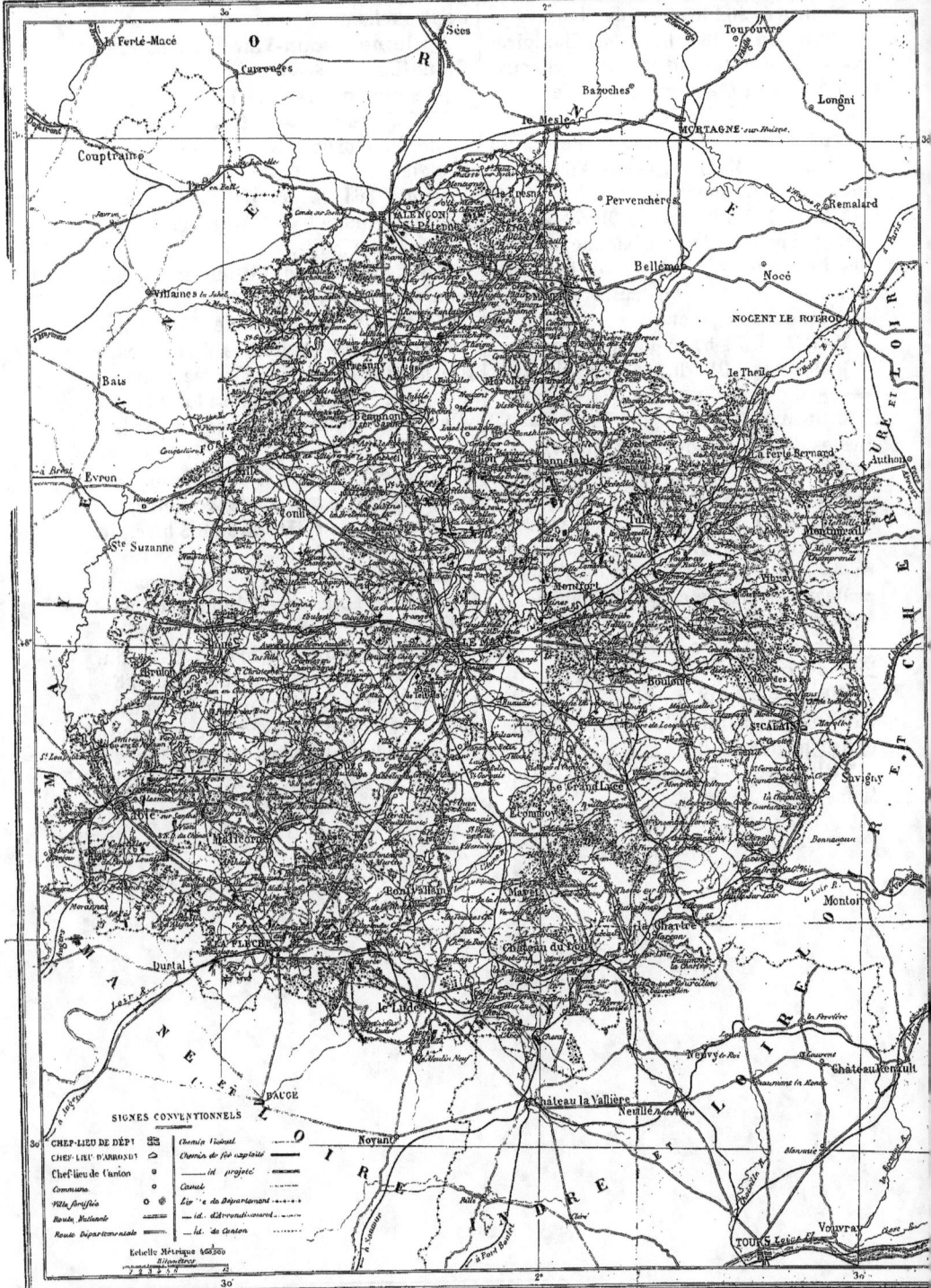

O R N E

la Ferté-Macé
Carrouges
Sées
Tourouvre
Bazoches
Longni
le Mesle
MORTAGNE-sur-Huisne
Couptrain
le Fresne
Remalard
ALENÇON
St-Patenne
Pervenchères
Bellême
Nocé
Villaines-la-Juhel
NOGENT LE ROTROU
Bais
le Thell
Evron
Ste Suzanne
la Ferté-Bernard
Authon
Conli
Montmirail
Vibray
Monfort
LE
Boulonc
SICALA
Savigny
Le Grand-Lucé
Loué
Lonmnn
Bennasoun
Malicorne
Montoir
Bon-Vallain
Mayet
Chartre
LA FLÈCHE
Château du Loir
Duatal
le Lude
Neuvy-le-Roi
St Laurent
Château-Renault
Château la Vallière
Neuillé
BAUGÉ
Noyant
Blannie
Vouvray
TOURS
INDRE ET LOIRE
MAYENNE
EURE ET LOIR

Imp. Dufrénoy, 49, rue du Montparnasse, Paris.

Hachette et Cie, à Paris.

SIGNES CONVENTIONNELS

CHEP-LIEU DE DÉP!	Chemin Vicinal
CHEF-LIEU D'ARRONDT	Chemin de fer exploité
Chef-lieu de Canton	id. projeté
Commune	Canal
Ville fortifiée	Lir'e de Département
Route Nationale	id. d'Arrondissement
Route Départementale	id. de Canton

Echelle Métrique
Kilomètres

5

A LA MÊME LIBRAIRIE

GUIDES-JOANNE

GUIDES FORMAT IN-16

Bretagne, par *P. Joanne* (11 cartes et 7 plans). . . . . . 7 fr. 50

Environs de Paris, par *P. Joanne* (8 cartes et 20 plans). . 7 fr. 50

Guide du Voyageur en France, par *Richard* ; chaque réseau de chemin de fer se vend séparément . . . . 4 fr. »

La Loire, par *P. Joanne* (2 cartes et 5 plans) . . . . 7 fr. 50

Les Bains d'Europe, par *Ad. Joanne* et le Dr *A. Le Pileur* (1 carte). . . . . 12 fr. »

Normandie, par *P. Joanne* (7 cartes et 18 plans). . . . . . 7 fr. 50

GUIDES-DIAMANT FORMAT IN-32

Bretagne, par *P. Joanne* (1 carte) . . . . 5 fr. »

Environs de Paris, par *P. Joanne* (4 cartes et 4 plans). . 2 fr. 50

France, par *P. Joanne* (1 carte) . . . . 4 fr. »

MONOGRAPHIES A 50 CENT. OU A 1 FR., AVEC PLANS ET CARTES

Angers, Chartres, Le Mans

IMPRIMERIE A. LAHURE, RUE DE FLEURUS, 9, A PARIS

www.ingramcontent.com/pod-product-compliance
Lightning Source LLC
LaVergne TN
LVHW022117080426
835511LV00007B/880